Picture Books and Integrated Literacy
그림책과 영어독서지도

이 현 주 (JOANNE LEE) 지음

Picture Books and Integrated Literacy

그림책과 영어독서지도

이 현 주 (JOANNE LEE) 지음

한국문화사

그림책과 영어독서지도

ⓒ Joanne English 2019
www.joanneenglish.org
영어독서지도사 (민간자격증 등록기관)

1판1쇄 2019년 2월 25일
지은이 이현주(Joanne Lee)
펴낸이 김진수
펴낸곳 한국문화사
등록 1991년 11월 9일 제2-1276호
주소 서울특별시 성동구 광나루로 130 서울숲 IT캐슬 1310호
전화 02-464-7708
팩스 02-499-0846
이메일 hkm@hankookmunhwasa.co.kr
홈페이지 www.hankookmunhwasa.co.kr
편집디자인 이상은
교정 이혜진, 유지연
검수 강일혜, 강혜지, 고은경, 김선영, 김유진, 김진영, 김혜연, 문정숙, 박미현, 손은경, 손은숙, 심정아, 윤지혜, 유지연, 이선행, 이은정, 이혜진, 정현옥

책값은 뒤표지에 있습니다.

잘못된 책은 구매처에서 바꾸어 드립니다.
이 책의 내용은 저작권법에 따라 보호받고 있습니다.

ISBN 978-89-6817-740-8 93370

이 도서의 국립중앙도서관 출판예정도서목록(CIP)은 서지정보유통지원시스템 홈페이지(http://seoji.nl.go.kr)와 국가자료공동목록시스템(http://www.nl.go.kr/kolisnet)에서 이용하실 수 있습니다.(CIP제어번호: CIP2019007074)

저자 **이현주** (Joanne Lee, 조앤영어연구소장)

- Princeton Seminary 교육학석사
- Columbia Seminary 교육학박사 과정
- Rider University 리터러스 교육과정
- 이화여대 언어교육원 [어린이영어 지도사과정] 전담
- 이화어학원 본사 연구소장
- 제이와이북스 연구소장
- EBS 교육자문, EBS "그림동화와 영어독서지도" 연강
- (현) 조앤영어 연구소장, 크리켓츠콜 교육나눔 대표

저서 (학습서)
- Jack & Jill's Phonics Series 36권 (파닉스리더/Happy House)
- Jack & Jill's Fairy Tales 12권(명작동화/Happy House)
- 초등영어 수퍼북 시리즈 3권 (영어수업가이드/홍익미디어플러스)
- Building Blocks 6권 (문법교재/ELC Korea)
- Dr. Phonics 4권 (파닉스학습서/Howto Books)
- Phonics in Reading 4권 (파닉스학습서/JY Books)
  *2009년 초등영어 교육학회 선정도서
- JY Phonics Song Book 4권 (파닉스리더/JY Books)
- Write Spots 4권 (쓰기 교재/Howto Books)
- Write Paths 4권 (유형별 글쓰기 교재/Howto Books)
- 영어 그림동화 활용서 (조앤영어) 외 다수

그림동화
- 삼성 영어 명작 동화 시리즈 (삼성출판사)
- Most of All (영어창작동화/두란노 키즈)
- The Bear (영어창작동화/두란노 키즈)

영어동화 프로그램
- Special Me (영어 성경동화 시리즈 24세트) 지티엠
- Magical Me (영어 성품동화 시리즈 36세트) 지티엠
- Weavy (영어 성경동화 시리즈 24세트) 조앤영어
- Wee Ways (명작 동화 시리즈 12세트) 조앤영어

머리말

요즈음 아이들은 빌마틴의 Brown Bear를 읽고, 겨울 왕국을 감상하며, 온라인을 통해 지구촌의 많은 콘텐츠를 공유하는 글로벌 키즈로 살고 있습니다. 영어를 배우는 아이가 아니라 이미 영어로 소통하는 아이로 자라고 있는 것입니다.

아시아와 유럽은 물론 스페인어를 사용하는 남미의 여러 나라, 그리고 영어에 큰 관심을 보이지 않던 스페인도 지금은 영어 교육에 많은 투자를 하고 있습니다. 영어는 글로벌 지식과 정보는 물론, 국제 사회를 이끌어가는 핵심 도구이며, 자국의 경쟁력과 생존을 위해 각 나라가 사용하고 있는 일차적인 수단이기 때문입니다. 따라서 이제 영어 교육은 단순한 기능적 차원을 넘어 지식과 정보가 함께 가는 것, 곧 지식화 교육을 포함해야 합니다. 그것이 곧 국가 경쟁력과 직결되기 때문입니다.

영어가 지구촌을 움직이는 언어란 것이 현실이면 각 나라는 조기에 영어를 시작하여 경쟁력 있는 세계인이 되도록 적극 나서야 할 일이며, 이것은 무엇보다 중요한 교육적 투자가 아닐 수 없음을 전문가들은 강조하고 있습니다.*

21세기 정치와 경제, 기술은 물론 교육의 흐름을 주도하고 있는 미국은 '다음을 예측할 수 없는 불확실의 시대를 향한 대안'으로 "1,000 Books Before Kindergarten"이란 교육 캠페인을 벌이고 있습니다. (https://1000booksbeforekindergarten.org) 누구도 예상하지 못하는 내일의 문제들을 해결하고 보다 창조적인 미래를 만들어 갈 결정적 대안은 독서라고 믿고 있기 때문입니다.

---

*Brewster, Jean. Ellis Gail. Denis Girard. The Primary English Teacher's Guide. London:Penguin English.

책은 단순히 지식과 정보(knowledge and information)를 전달하는 수단이 아니라, 주어진 정보들을 아울러주고(organizing), 문제 해결 과정(problem-solving)을 보여주며, 결말을 보게 하고(drawing conclusion), 또 주어진 결과로부터 의미(meaning making)를 끌어내는 통합적인 지식활동을 주도합니다. 지구촌의 수많은 문제들, 해결해야 할 과제들을 안고 살아갈 우리 아이들에게 영어와 글로벌 지식을 함께 접하게 해주며, 리터러시(읽기와 쓰기)와 지식이 함께 자라는 통합적인 교육 환경을 마련해주는 일은 아이들을 향한 최우선의 대안이 아닐 수 없습니다.

[글로벌 지식인 양성]이라 할 수 있는 이런 통합적인 영어 교육이 가능해지려면
1. 글로벌 키즈들을 위한 양질의 도서와 시기적절한 학습서들을 잘 골라주어야 하며,
2. 책 읽어주기와 더불어 다양하고 효과적인 읽기 환경을 고민해야 하고,
3. 스스로 (영어)책 읽는 아이를 만들어주기 위해 단계적이고 체계적인 문자 교육을 시행해야 합니다.

시대가 달라졌습니다. 이제는 '영어가 아니라 영어로 배우는'(Not only for English but through English) 시대이며 또 그렇게 되어야만 합니다. 영어책 읽는 아이, 시대의 대안이 되어줄 아이들을 만들어주기 위해 고민하는 부모와 교사들에게 이 지침서가 구체적이고 실제적인 답이 되어주기를 기대합니다.

책이 나오기까지 검수와 교정, 토론의 장에 함께해주신 교사와 부모님들, 그리고 오랜 작업 기간 격려와 지지를 보내준 가족과 동료들에게 감사와 사랑의 마음을 전합니다.

저자 이 현 주 (Joanne Lee)

Contents

1부: 영어 그림책과 읽어주기(Picture Books and Read Aloud)

Chapter 1 영어 그림책이란?(What Are Picture Books?) ----- 15

Chapter 2 발달 단계와 영어 그림책(Child Development Stages and Books) ----- 35
1. 영아기와 영어 그림책(Infancy Books) ----- 36
2. 유아기와 영어 그림책(Toddler Books) ----- 44
3. 유년기와 영어 그림책(Preschool Books) ----- 55
4. 아동기와 영어 그림책(School Age Books) ----- 67

Chapter 3 책 읽어주기(Read Aloud) ----- 89
1. 왜 책 읽어주기인가?(Why Read Aloud?) ----- 90
2. 영어독서환경(Reading Environment) ----- 92
3. 책 읽어주기 팁(Read Aloud Tips) ----- 94
4. 스토리별 샘플(Read Aloud Samples) ----- 98
※ 조기 이중 언어에 관하여(Regarding Early Bilingualism) ----- 109
※ 온라인 독서에 관하여(Regarding On-line Reading) ----- 111

2부: 영어 그림책과 영어독서 지도

Chapter 4 유형별 읽기(Kinds of Reading) ---------- 121

Chapter 5 소리 인지(Phonological Awareness) ---------- 127
1. 단어 듣기(Word Concepts) ---------- 133
2. 두운 소리 듣기(Alliteration) ---------- 134
3. 라임 소리 듣기(Rhyming Words) ---------- 136
4. 긴소리 듣기(Syllable Counting) ---------- 142
5. 음소 인지(Phonemic Awareness) ---------- 146
6. 알파벳 소리와 철자(Alphabet Letters) ---------- 148

Chapter 6 파닉스(Phonics) ---------- 153
1. 단자음(Single Consonants) ---------- 156
2. 단모음(Short Vowels) ---------- 160
3. 복자음(Consonant Blends & Digraphs) ---------- 165
4. 장모음과 복모음(Long Vowels, Vowel Digraphs, & Diphthongs) ---------- 168
※파닉스 규칙(Phonics Rules) ---------- 174

Chapter 7 단어(Words) ---------- 177
1. 핵심 단어(Content Words) ---------- 179
2. 빈출 기능어(Sight Words) ---------- 180

Contents

Chapter 8 유창성(Sentence Fluency) — 187
1. 유창성이란? (What Is a Sentence Fluency?) — 188
2. 유창성 계발을 위한 활동 (Key Activities) — 189

Chapter 9 워드 스터디(Word Study) — 197
1. 워드 스터디란?(What Is a Word Study?) — 198
2. 단어 유형 및 핵심 활동 (Kind of Words & Key Activities) — 203

Chapter 10 텍스트 이해(Comprehension) — 213
1. 텍스트 이해(Comprehension) — 214
2. 학습 연계(Making Connection) — 238
3. 도표의 활용(Graphic Organizers) — 244

Chapter 11 처음 만나는 글쓰기(Early Writing) — 269
1. 단계별 글쓰기(Writing Stages) — 272
2. 유형별 글쓰기(Forms of Writing) — 277
3. 처음 만나는 글쓰기(Early Writing Practice) — 279

Chapter 12 수업 기획(Lesson Planning) — 297
1. 교실 운영 (Classroom Setting and Management) — 298
2. 단계별 핵심활동(Levels and Key Activities) — 301
3. 수업 과정(Teaching Process) — 304

Appendix 레벨 테스트(Level Test) — 315
마무리 — 324
참고문헌(References) — 326

1부

영어 그림책과 읽어주기

Picture Books and Read Aloud

Richer than I you can never be. I had a mother who read to me. ***Strickland Gililan***

그림책과 영어독서지도
chapter 1

영어 그림책이란?
What Are Picture Books?

You're off to great places. Today is your day. Your mountain is waiting, so get on your way.
Dr. Seuss

[영어 그림책이란]

영어 그림책이란 그림과 글이 함께하는 책이며, 글 사이 삽화가 들어간 책과는 달리 그림이 우선하며 그림 사이에 글이 앉혀진 그림 중심의 책이라 할 수 있습니다. 그림책은 워드북(word book)이나 놀이책(play books)부터, 동요나 시로 구성된 라임북(rhyme books and alphabet books), 지식과 정보를 주는 책(informative books), 이야기로서의 구성력을 갖춘 스토리북(story books), 그리고 캐릭터 시리즈(character episodes)와 사전류(reference books) 등 다양한 형태와 유형으로 이루어져 있습니다.

그림책은 주로 아이들을 위해 만들어졌지만, 어른과 아이 모두에게 의미와 감동을 주며, 예술성과 철학적 가치가 뛰어나 모든 세대로부터 사랑을 받고 있습니다. 아울러 그림책은 지식과 정보, 언어와 사고력, 창의력과 문제 해결 능력 등 다양한 교육 과제들을 아우르는 힘을 가지고 있어 시대적 요구가 많은 글로벌 키즈를 위한 최고의 교육 콘텐츠로 자리하고 있습니다.

그림책은 18세기부터 등장하기 시작하였으며, 글과 그림이 함께하는 책, 문학과 미술이 함께하는 새로운 형태의 문학 작품(artwork)으로 부상하여, 2차 세계 대전 이후, 대중적인 아이템이 되면서 아이와 부모, 그리고 교육 기관으로부터 많은 관심과 사랑을 받기 시작하였고, 칼데콧상(1937)과 케이트 그린어웨이상(1955) 등 그림책의 가치를 높이는 사회적 분위기에 힘입어 미술과 문학이 함께하는 작품으로서 프린트 시대의 꽃으로 성장하였습니다.

옛것과 새것을 담은 인류의 아름다운 이야기들이, 전시장에서나 볼 법한 명품 그림들이, 이렇게 손 안의 그림책이 되어 우리 곁에 있다는 건 21세기를 사는 아이들과 우리 모두에게 주어진 위대한 선물이 아닐 수 없습니다.

시기와 단계에 맞는 양질의 도서를 먼저 만나게 해주기 위해 영어 그림책엔 어떤 것들이 있는지 살펴보도록 하겠습니다.

[영어 그림책의 역사]

그림책이란 그림과 글이 함께하는 책이며, 유화나 수채화, 아크릴과 연필, 콜라주 등 다양한 자료와 기법을 통해 만들어진 책입니다. 그림을 통한 이야기라면 벽화를 그리던 때까지 거슬러 올라가겠지만 그림책이 출간되기 시작한 건 단지 150여 년에 지나지 않습니다. 란돌프 칼데콧(Randolph Caldecott 1846-1884)과 같은 작가들로부터 본격적으로 시작된 그림책은 1902년 베아트릭스 포터(Beatrix Potter)의 The Tale of Peter Rabbit을 출판으로 대중적인 책으로 확산되기 시작했으며 2차 세계 대전 이후, 본격적인 인쇄의 시대가 가능해진 1950년대부터 모리스 샌닥(Maurice Sendak)의 Where the Wild Thigns Are, 맥클로스키(Macloskey)의 Make Way for Ducklings, 그리고 닥터 수스(Dr. Seuss)의 The Cat in the Hat과 같은 그림책의 시대가 열렸으며, 이들의 작품을 기리는 칼데콧(1938)과 케이트 그린어웨이(1955)상 등이 생기면서 그림책들은 아동 문학의 가치를 높이는 인류의 자산으로 자리매김 하게 되었습니다.

  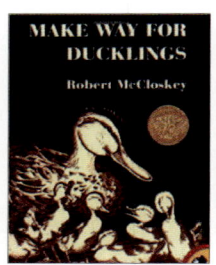 

잡지나 신문 등에서 삽화가로 활동하던 작가들도 그들만의 아이디어와 생각을 표현할 그림책의 세계를 보게 되자 작가로서의 역량을 책에 쏟아 붓기 시작하였는데, 이들이 만들어낸 작품 중에는 시대를 대변할 걸작들, 역사에 남을 작품이 많이 있습니다.

그림책의 클래식이라 할 수 있는 〈이상한 나라의 앨리스 (Alice in Wonderland)〉는 여성을 남성의 소유물처럼 여겼던 시대 여성의 인권을 다룬 책으로, 〈오즈의 마법사 (The Wizard of Oz)〉는 디플레이션으로 고통받던 미국 근로자들과 당시 복잡했던 정치적 상황을, 더 거슬러 올라가면 클래식 동요인 〈Jack and Jill〉, 〈Humpty Dumpy〉, 〈Ring Aound the Rosie〉 등은 프랑스와 영국의 시민 혁명 또는 영국의 대재앙이었던 흑사병을 노래하였고, 1950년대 모리스 샌닥의 Where the Wild Things Are는 전쟁의 상처를 입은 아이들의 거친 행동을 그려낸 시대의 아동문학으로서, 교육적 이슈를 논하기 이전에 〈아리랑〉이나 〈심청전〉처럼 시대의 아픔과 희망을 담은 역사적 산물로, 클래식 문학으로 자리하고 있는 것이 바로 인류의 유산이라 할 그림책입니다.

유아 클래식이라 불리는 빌 마틴의 〈Brown Bear〉(1967)와 애릭 칼의 The Very Hungry Caterpillar(1969), 앤또니 브라운과 리오 리오니, 헬렌 옥센베리, 최근 많은 사랑을 받고 있는 모 윌렘스와 존 클라센의 명작들, 그리고 미국이 자랑하는 닥터 수스의 작품들은 그림책이 어디까지 갈 수 있는지 그 위대함의 끝을 알 수 없게 합니다.

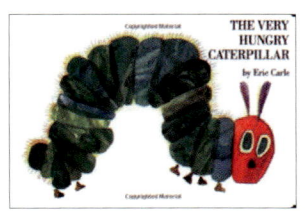   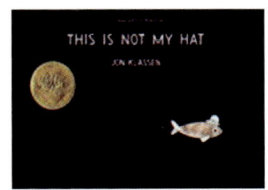

그림책을 더 잘 이해할 수 있도록 그림책의 구성 요소와 그림책의 유형을 보다 자세히 살펴보도록 하겠습니다.

[영어 그림책 구성]

그림책을 대표하는 그림동화책 외에도 그림책에는 아기 놀이책부터 시리즈 도서까지 다양하고 창의적인 형태의 책들이 존재합니다. 그러나 클래식 도서가 될 수 있는 공식 그림책은 구성상 어떤 특징을 가지고 있는지 살펴보도록 하겠습니다.

1. 펼친 면 전체를 그림이 먼저 중심을 잡고 있으며 그림 사이 빈 공간에 글이 담겨 있습니다.
2. 그림 위에 색을 입히는 수채화부터, 콜라주(에릭 칼) 형태, 사진과 그림을 조합한 콜라보 형태(모 윌렘스), 입체적인 작업을 해 놓은 놀이책, 천이나 단추 등을 넣어 만든 촉감책 등 다양하고 창의적인 장르의 그림책들이 소개되고 있습니다.
3. 종류에 따라 다양한 형태와 크기로 출판되기도 하지만 48 페이지가 공식적인 내지 분량이며, 클래식 도서로서의 면모를 갖춘 책들은 하드커버로 책을 마무리하는 동시에 책 전체를 두르는 겉표지를 별도로 만들어줍니다.
4. 표지는 앞뒤 전체에 걸쳐 펼친 면으로 그려주고 책 속엔 속표지와 면지(표지와 내지 사이 간지)를 넣어줍니다. 속표지와 면지에 담긴 그림과 짧은 글귀들은 때로 스토리 전체를 이끄는 중요한 메시지를 담기도 하는데 이런 요소들 때문에 책을 읽어주는 사람은 이곳에 담긴 메시지를 놓치지 않도록 사전에 자세히 살필 필요가 있습니다.

제목/표지 그림

그림책 제목과 앞표지(에서 뒷표지로 이어지는) 그림은 아이들이 만날 이야기는 무엇이고 어떻게 그 일이 전개될지 가늠하게 하는 중요한 역할을 합니다. 이들은 때로 스토리에 등장할 캐릭터에 관한 정보를 주기도 하고, 벌어질 일이 무엇일지 예고해 주기도 하며, 때론 제목에 반하는 장면을 보여줌으로써 독자의 궁금증을 유발시키기도 합니다.

제목가 표지 그림 사이 어떤 역동이 있는지 살펴보면 다음과 같습니다.

Brown Bear, Brown Bear, What Do You See?
제목이 말하듯 곰이 무엇인가를
열심히 보고 있는데 무엇을 볼지 독자의
궁금증을 유발하게 함.

Good Night Gorilla
"잘 자" 라고 인사를 하고 돌아서는 사육사
뒤에 잘 것 같지 않은 고릴라가 따라 붙어
제목과는 반대되는 상황이 벌어지고 있음을
보게 함.

Where Is the Green Sheep?
제목에선 초록 양을 찾고 있는데 표지 앞뒤 면엔
다른 색의 양만 있어 초록 양의 행방이
더욱 궁금해지게 함.

Love You Forver
그림은 엄마를 지치게 할 상황인데,
제목은 '영원한 사랑'을 말하고 있어
어떤 상황이 벌어질지 더욱 궁금하게 함.

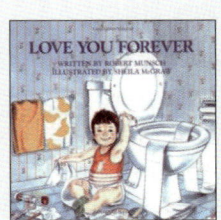

Don't You Dare Dragon?
튜브를 허리에 두르고 수영장에 들어가려고 하는
용 앞에 붙여진 제목이 "안돼, 용아!"여서 도대체
왜 안되는 것인지 궁금하게 함.

Hello, Red Fox
제목은 '빨간 여우'라고 했는데 앞표지에 그려진
여우는 초록 여우여서 왜 이렇게 표현한 건지
궁금하게 함.

Pete the Cat and His Four Groovy Buttons
제목은 '4개의 단추'라고 하지만
단추가 이미 떨어져나가는 것을
보게 함으로써 단추에 문제가 생겼음을
예고해줌.

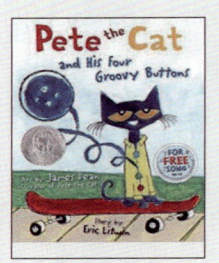

This Is Not My Hat
물고기 한 마리가 모자를 쓰고 어디론가
가고 있는데 "이건 내 모자가 아니다"라는
파격적인 제목이 붙어있어 무슨 일이 벌어진
것임을 분명히 해줌.

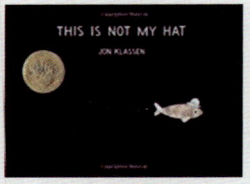

The Story of the Little Mole
 제목은 "누구의 짓도 아니란 걸 알게 된 두더지 이야기"이며 두더지 머리 위엔 똥이 있고 두더지는 흥분해서 어디론가 급히 가고 있는 급박한 장면이 독자의 궁금증을 강하게 끌어내고 있음.

Handa's Surprise
제목과 주인공은 누군가에게 전할 깜짝 선물을 말해주는 듯하지만 그림 속에 긴 목을 내민 타조의 시선이 예사롭지 않음.

Piggy Books
제목은 "돼지책"인데 그림에선 전혀 돼지를 찾아볼 수 없고 엄마의 등 뒤에 아빠와 두 아들이 업혀있다. 엄마는 주부의 의상이 아닌 외출복을 입은 것으로 보아 직장을 다니는 엄마인 듯하다. 어두운 엄마의 얼굴과 밝고 자신감 있는 세 남자의 얼굴이 대조적인데 도대체 무슨 일이기에 "돼지책"인지 더욱 궁금해지게 함.

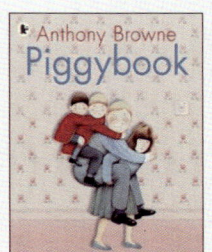

면지

표지와 내지 사이에 끼어있는 지면을 면지(앞면과 뒷면)라고 합니다. 면지는 얇은 책(paper book)으로 출간되면서 생략되는 경우도 있고, 그림이 없는 간지로 처리된 책들도 있지만 면지를 통해 스토리를 읽는 재미와 감동을 더해줄 단서들을 담아놓기도 합니다. 면지가 있어 더욱 빛나는 그림책들을 소개하자면 다음과 같습니다.

❖ 아래 소개하는 책들은 속커버 다음에 나오는 면지 그림들을 참조하시기 바랍니다

Don't Let the Pigeon Drive the Bus
제목에서 '타지말라'고 말하는 그 기사 아저씨와 버스가 속커버와 면지에 등장하며 뒤쪽 면지에는 버스보다 더 큰 트럭이 스토리를 이끄는 중요한 역할을 하고 있다.

Knuffle Bunny Too
스토리 1편을 비롯하여 트릭시와 토끼 인형 사이 얽힌 지금까지의 많은 이야기와 스토리 이후의 이야기들을 모두 면지에 담고 있다.

Creepy Carrots!
으시시한 당근들이 벌이는 기괴한 일들이 패턴으로 처리한 면지 속에 구현되어 있다.

전문가의 이야기를 들으면 이름 없는 그림 한 편에도 깊은 역사와 의미가 담겨있듯, 아이들이 읽는 그림책에도 작가들은 페이지마다 중요한 무엇인가를 담으려했던 흔적을 느낄 수 있습니다. 그래서 동화 작가 멤 팍스는 "그림책을 깊이 들여다보지 않고(백번 읽어보지 않고) 아이에게 책을 읽어주는 것은 아이와 작가 모두를 모독하는 일"이라고 말합니다.

책을 아이에게 읽어주기 전에 표지와 면지, 스토리 전체를 이끌어가는 그림들을 면밀히 살펴 글과 그림이 전하는 요소들을 놓치지 않으면서 책을 읽어줄 수 있다면 우리 아이들은 책을 볼 줄 아는 수준 있는 독자로 멋지게 성장할 기회를 얻게 될 것입니다.

[영어 그림책의 종류]

그림책은 예술과 문학, 철학적인 가치뿐 아니라, 언어와 사고 활동 등 학습적인 효과도 뛰어납니다. 그래서 그림책은 도서인 동시에 학습서이기도 합니다. 아기 컨셉북부터 시작하여 스토리북 그리고 시집과 참고서에 이르기까지 다양한 그림책을 분류해보면 다음과 같습니다.

1. 신생아와 토들러에게 필요한 사물의 이름과 기초 정보를 주는
   워드북(Word Books) 또는 기초 컨셉북(Basic Concept Books)

2. 핵심 단어만 바꿔가며 일정한 문장을 반복해주는 패턴북
   (Predictable Pattern Books)

3. 배경과 등장 인물이 있고 기승전결 등 이야기로서의 구성력을 가진 스토리북 (Storybooks)

  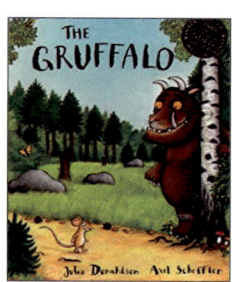

4. 리듬과 라임, 운율을 넣어 시로 구성된 라임북(Rhyme Books)
    *노래가 책이 된 동요책과 알파벳북 포함

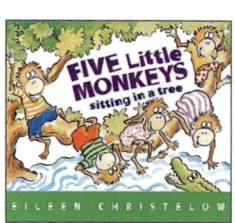 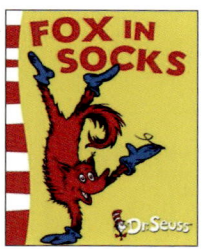 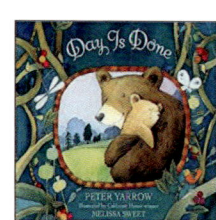 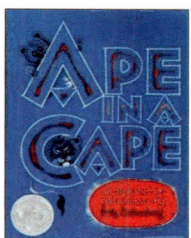

5. 캐릭터를 중심으로 만든 시리즈북(Character Episodes)

 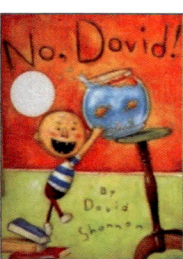  

6. 과학, 사회, 수리 등을 주제로 구성된 논픽션 리더스 (Nonfiction Readers)

실물 사진과 더불어 자세한 사회, 과학 정보 등을 담아 놓은 논픽션 시리즈는 그림동화가 해주지 못하는 지식과 정보들을 체계적으로 접하게 해줍니다.

 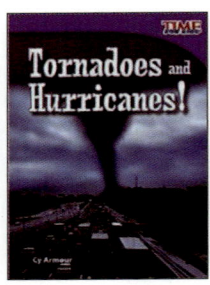 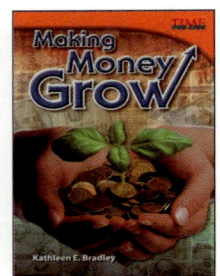 

7. 전래동화와 클래식 명작동화 (Folktales, Fairy Tales, Tall Tales, Classic Stories)

우리뿐 아니라 전 세계 아이들이 즐기는 클래식 명작들은 영어로도 접하게 해주는 것이 좋습니다. 이들은 문화, 예술, 정치, 사회 등 모든 분야에 수시로 등장하는 인류의 공유 자산이기 때문입니다.

   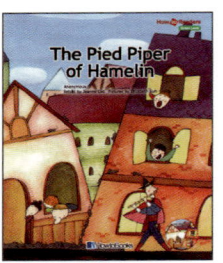

8. 지식과 정보를 주는 참고도서 (Reference Books)

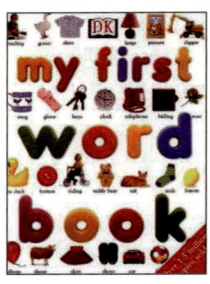  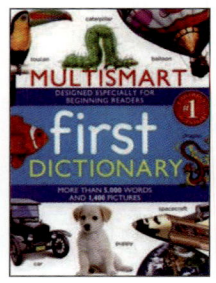 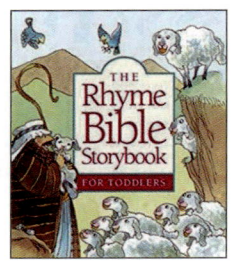

9. 읽기 연습과 학습 정보가 함께 가는 주제별/단계별 시리즈 (Leveled Readers)

파닉스와 기초 어휘, 문장을 익혀야 하는 단계의 아이들을 위해 만든 시리즈 도서들은 읽기 연습을 위한 읽을 거리를 제공하는 동시에 아이들에게 필요한 기초 지식, 즉 자연, 과학, 사회, 생활 분야에 필요한 지식과 정보들을 제공해줍니다. 이런 시리즈 도서들은 주제와 단계, 영역별 정보들을 체계적으로 전해준다는 면에서 읽기 연습이 필요한 연령, 즉 7세 이상의 아이들에겐 매우 유용한 읽을 거리가 될 것입니다.

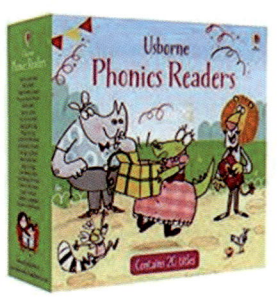  

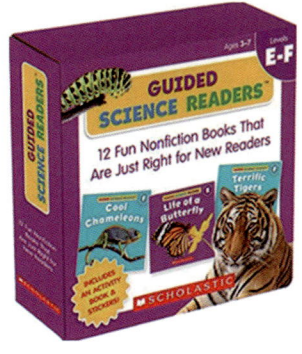 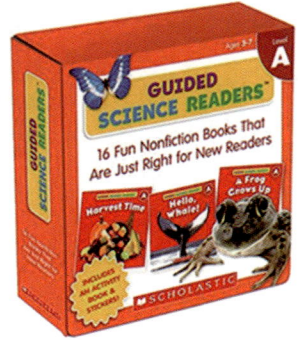 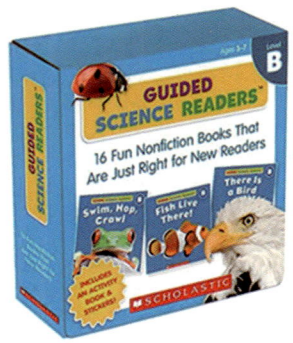

[영어 그림책 고르기]

영어 그림책은 영어 공부를 위한 학습서가 아닌 의미와 가치를 인정받은 명품도서부터 만나야 합니다. 그래야 무엇보다 책이 좋다는 걸 알게 되며, 지구촌의 문화 유산(명품 도서)을 제대로 누리게 되고, 책과의 멋진 인연이 시작될 수 있기 때문입니다.* 좋은 책을 고르려면,

1. 그림동화 소개서나 동화 사이트를 통해 추천 동화부터 검색합니다.
2. 온라인 검색창을 통해 여러 독서협회에서 추천하는 추천 도서 리스트를 참고합니다. (검색어는 Best Picture Books로 검색하고 Goodreads나 Scholastic, The New York Times 등의 리스트, 또는 한국의 영어동화 전문 사이트들을 참조할 것.)
3. 영상 매체나 도서관, 서점 등을 통해 궁금한 작품을 미리 들여다보고 문학, 예술, 교육적 가치를 따져봅니다.
4. 책을 잘 모를 땐 우선 교육적, 문학적 가치를 인정 받은 수상작 (Caldecott, Kate Greenaway, Theodor Seuss Geisel Award 등)을 우선적으로 선정합니다.

수상작의 예

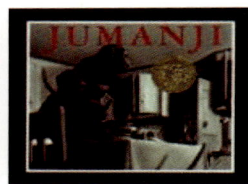

5. 한국어 번역본이 있더라도 영어 원서가 있는 경우 원서로 읽게 해줍니다. 번역본이 있다는 건 그 만큼 잘 알려진 책이라는 뜻이며 영어로 함께 만나게 해주는 것은 '영어로의 시대', 즉 글로벌 키즈로의 성장을 위한 중요한 첫걸음입니다.
6. 조금 더 성장한 뒤 읽어 줄 책이어도 좋은 작품으로 여겨지면 미리 사두어 아이가 그림책과 친숙해지게 합니다. 그렇게 하면 그 책에 대한 주인 의식을 갖게 되며, 아이들은 그림과 먼저 친숙해진 책에 더 많은 관심을 보이게 될 것입니다.

*Campbell, Robin. *Read-Alouds with Young Children*. Newark: International Reading Association. 2003. pp.32-39

좋은 그림책이란

1. **그림이 먼저 말을 하고 스토리를 이끄는 힘이 있는 책(Predictable Book)**

   아주 단순한 동물 그림이지만 스토리 속 캐릭터들은 이미 독자의 시선을 사로잡습니다. '왜 저렇게 하고 있지?' 하는 동안 아이는 이미 책을 읽을 준비가 된 것입니다.

2. **리듬과 운율, 일정한 문장 패턴이 있어 읽는 재미를 느끼게 하는 책**

   좋은 그림책의 3대 요소는 리듬과 라임과 반복(Rhythm, Rhyme, Repetition) 입니다. 리듬감이 넘치고, 운율을 듣게 해주며, 재미있는 표현이 반복될 때 아이들은 낯선 언어라도 글을 읽는 재미에 푹 빠져들게 됩니다

   Brown Bear, Brown Bear, What do you see?
   I see a red bird looking at me.

   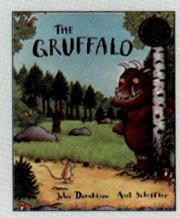
   Where are you going to little brown mouse?
   Come and have lunch in my underground house.

3. 아이의 관심사에 맞는 이슈와 분명한 주제가 있는 책

제목과 표지 그림을 통해 표현한 바와 같이 초록양을 찾거나, 작은 쥐가 코끼리에게 친구가 되어줄 것을 요청하는, 그리고 동물이 옷을 입으면 안 된다고 말하는 이런 그림책들은 주제와 목표가 분명하여 독자로부터 확실한 관심을 끌어냅니다.

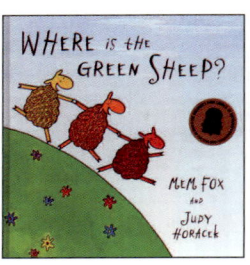

4. 지적 호기심을 자극해주고 사물과 자연에 관한 지식과 정보를 잘 정리해주는 책

처음 만나는 논픽션이 되기도 하는 책들, 즉 야생과 애완동물을 구별하게 하는 일, 동물의 배설물을 구별해보는 일, 자연과 생태에 대한 정보를 주는 책은 유형별 어휘뿐 아니라, 인과관계, 비교, 대조 등 주어진 정보를 조직화하는 능력(Organizing Skills), 즉 아이들의 지식 성장에 큰 도움을 줄 것입니다.

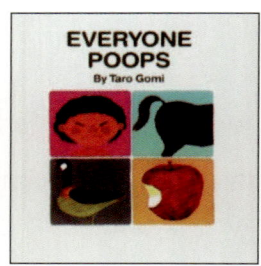

5. **아이들을 웃게 하는 장난기를 발휘한 책**

적절한 유머는 우리의 삶에 깊은 맛을 내는 감미료가 되어줍니다. 사르트르는 "모든 사람의 마음 속엔 놀고 싶어하는 아이가 있다." (In every man, there's a boy who wants to play.) 라는 말을 남기기도 했습니다. 아이를 향해 장난기와 웃음을 선사할 수 있는 그림책에서 우리는 아이들을 친구로 여기는 작가들의 진한 인간미를 느낄 수 있습니다.

엄마의 속옷을 집어 세탁통에 넣는 것을 도와주는 트릭시의 모습에서, 말을 못 알아듣는 아빠로 인해 몹시 화가 트릭시의 얼굴에서

등이 2개인 낙타라서 똥도 두 덩어리라고 말하곤 농담이라고 다시 표현하는 장면에서

부엉이가 태어나자 마자 엄청난 수학 문제를 풀어내는 장면에서

6. **스토리 전체를 아울러주는 마무리가 있으며 감동과 여운을 남겨주는 책**

인간에겐 사랑과 힘, 그리고 의미를 향한 열망이 있다고 제임스 로더는 말합니다. 아이들이 어려서 장난감과 재미난 놀이를 더 좋아하는 것 같아도 그림책을 읽어줄 때 우린 더 잘 알게 됩니다. 사랑을 말해줄 때 아이들은 가장 빛나는 눈으로 세상을 바라보고 있으며 그 속에서 삶의 의미를 찾아내고 있다는 것을.

엄마를 찾아 그토록 해보고 싶던 포옹을 하게 되는 장면

가족의 무관심 속에 집을 나간 노라가 모든 쓰레기를 몰고 집으로 돌아온 장면

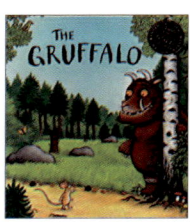
위기의 순간들을 다 넘기고 작은 도토리 하나로 행복을 찾은 쥐의 모습

7. **꿈과 희망, 지혜와 용기 등 교육적 가치와 의미를 담고 있는 그림책**

많은 그림책 중에서 내일을 살아갈 깊은 의미를 발견하게 하는 책들은 아이들의 발을 비추는 등불과 같은 역할을 할 것입니다.

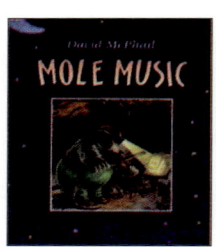 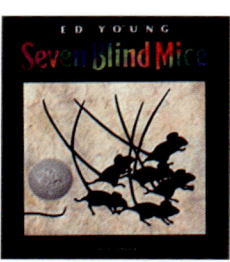 

그림책과 영어독서지도
chapter 2

발달 단계와 영어 그림책
Child Development & Picture Books

There is no substitute for books in the life of a child. *May Ellen Chase*

아이들의 발달단계는 크게 **영아기(Infancy: 0~12개월), 유아기(Toddler: 1~3세), 유년기(Preschool: 3-6세)**, 그리고 **아동기(School Age: 6-12세)**로 나눕니다.

아이들은 이 시기 일생에 가장 많은 변화와 성장을 경험하게 됩니다. 우주에서 뚝 떨어져, 아무것도 모르고 꼼짝없이 누워만 있던 아이가 세상을 알아가고, 세상과 관계를 맺으며, 세상에 반응하는 방법들을 익혀가며 성장해갑니다. 이 시기 아이들에겐 어떤 큰 변화가 일어나고 또 어떤 도움이 필요할지 조금 자세히 살펴볼 수 있다면, 우린 그림책에서 더 많은 것들을 볼 수 있게 되고, 또 그림책이 아이들에게 줄 수 있는 것이 무엇인지 더 많이 발견하게 될 것입니다. 적어도 영어 그림책이 아이들에게 단지 단어와 문장만을 가르쳐주는 도구가 아니란 걸 인지하고 있는 부모와 교사들이라면 아동의 발달 단계와 그림책을 연결해보는 시간이 아이와 책을 이어주는 중매장이 역할을 감당하는 데 적지 않은 도움이 될 것입니다.

그럼 영아기와 유아기, 유년기와 아동기엔 무슨 일들이 일어나고 또 이들에겐 어떤 책들이 함께할 수 있는지 살펴보도록 하겠습니다.

영아기와 영어 그림책 Infancy (0-12개월)

0~12개월의 영아가 만나는 세상은 경이롭기만 합니다. 낯선 세상에 태어나 차츰 안정을 찾기 시작한 신생아들은 신기하고 놀라운 것으로 가득한 세상에 눈을 뗄 수 없게 됩니다. 처음엔 특별한 관심을 보이지 않지만 계속적인 자극이 있는 만큼 아이들의 두뇌활동은 활발해집니다. 목을 가누지도 못하던 아이가 몸을 뒤집고, 기고, 앉고, 일어서고, 마침내 직립보행을

하는 놀라운 신체적 성장을 하는 동안 움직임이 자유로워진 신생아들은 보고, 듣고, 맛보고, 냄새 맡고, 눈에 보이는 것은 무엇이든 손에 쥐고, 입에 넣어보면서 온 몸으로 세상을 탐색하며 이들이 무엇인지 알아가는 재미에 빠집니다. 그리고는 드디어 이들에게 이름을 붙여주기 시작합니다. 몸과 마음이, 지식과 생각이 그리고 언어가 함께 자라는 배움의 장, 이것이 바로 전인적이고 통합적인 배움의 장인 것입니다. 세상과의 전 존재적인 만남의 기쁨을 맛보기도 전에 단어와 문장만을 가르치려는 기능 중심의 교육과 사이버 세상이 펼쳐주는 화려한 콘텐츠가 아이가 진짜 세상과 만나는 통로들을 차단하고 있는 건 아닌지, 그렇다면 이런 현실이 아이들에게 줄 해악이 무엇인지 심각하게 고민해야 할 때입니다.

영아기의 아이들이 처음 만나야하는 책이란 엄마가 읽어줄 세상의 모든 감미로운 책입니다. 신생아들은 엄마가 들려주는 따뜻하고 친절한 목소리를 통해 세상의 소리를 듣게 되고, 세상을 느끼며 또 경험하게 되는 것입니다. 이런 엄마의 목소리, 그리고 엄마가 보여주는 무엇인가에 아이가 반응하기 시작하는 때부터 엄마는 아기들에게 학습적인 효과를 주는 책들을 준비합니다.

신생아들에게 학습적인 효과를 주는 책이란 사물의 이름과 특징을 보여주는 간단한 워드북입니다. 이들은 헝겊책과 팝업책, 촉감책, 보드북, 목욕책, 딸랑이책 등으로 아이가 물고, 빨고, 털고, 흔들어보는 놀이책의 형태를 가지고 있거나, 잘 망가지지 않는 보드북 형태로 구성되어 있습니다. 이들은 단어와 사물의 특징적인 모습만 담은 그림을 제공하는 간단한 컨셉북이지만 아이들에게 필요한 지식과 정보를 주제별로 담아놓았으며, 하나의 제목을 가진 책으로써 정보를 아울러주는 역할을 한다는 점에서 장난감이나 포스터와는 다른 교육적 가치가 있습니다.

따라서 아기 워드북을 읽어줄 때에는 사물의 이름만 말해주지 말고, 이들이 다 어디에 사는지 어떤 공통점을 가지고 있는지, 어떤 소리를 내는지 등 워드북 등장 인물에 필요한 다양한 정보들을 함께 주면서 많이 말하고 많이 놀아줄 수 있어야 하며, 신생아 시기를 지나는 동안 책 맛을 알도록 책과 함께하는 이야기 시간을 조금씩 늘려가도록 합니다.

육아전문가인 블랙모어와 라미레즈는 〈Baby Read-Aloud Basic〉에서 신생아 때 책과 친숙해진 아이들은 2세만 되어도 집중력과 기억력, 어휘력과 문식력 등이 책을 접하지 않은 아이들에 비해 뛰어나다고 말합니다.* 신생아기는 아래 뇌세포 발달에 관한 조사에서 보고한 바와 같이 생애 그 어느 때보다 뇌세포 형성(neuron)이 활발하고 세포들을 이어주는 신경조직(synapse)이 가장 활발하게 연결되는 시기입니다. 신생아기에 시작되는 독서는 정서적 안정과 집중력 향상은 물론, 아이들의 언어와 두뇌 활동을 자극하여 21세기를 사는 독서형 두뇌(Reading Brain)를 만드는 데 큰 도움을 줄 것입니다.

Synapse Density Over Time

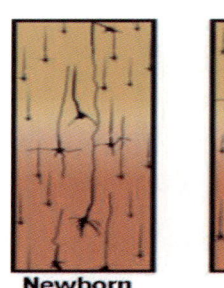
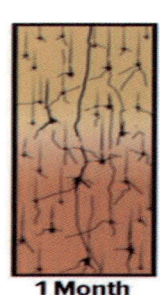

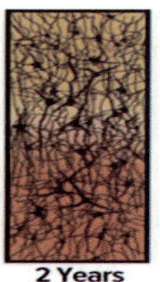

Newborn　　1 Month　　9 Months　　2 Years　　Adult

*Source: Adapted from Corel, JL. The postnatal development of the human cerebral cortex. Cambridge, MA: Harvard University Press; 1975.

영아를 위한 그림책들을 유형별로 정리하자면 다음과 같습니다.

[아기 워드북: 보드북, 촉감책, 플랩북, 팝업북]

〈Pat the Bunny〉, 〈Brown Bear〉, 〈Charlie Chick〉, 그리고 〈Dear Zoo〉와 같은 책들은 전 세계 아이들이 보는 베이비 클래식이라 할 수 있습니다. 이런 책들은 안팎이 모두 딱딱한 보드북 형태부터, 촉감책(Touch and Feel Books), 플랩북(Flap Books), 팝업북(Pop-Up Books) 등 아이들이 만지고 펼쳐볼 수 있는 놀이책으로 구성되어 있는데 이들은 세상 구경에 나선 아기들을 경이와 감동으로 이끌어주는 블루밍북(blooming books)들입니다.

지극히 간단하고 단순해 보이는 책이지만 책은 일정한 정보들을 한 가지 주제로 전개하는 (Thematic) 특징을 가지고 있으며, 글의 마지막에 이 모든 정보를 아울러주는 메시지를 담고 있으므로(Interlocking & Integrating), 단어와 문장 패턴에단 집착하지 말고, 하나의 스토리로 책을 이끌어줄 수 있도록 책을 먼저 살피고 읽어주도록 합니다.

  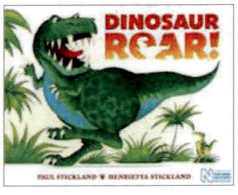 

  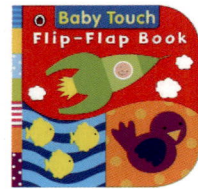 

[소리책]

소리는 태중에서부터 시작되는 오감 중 하나입니다. 동물이나, 자연, 기차 소리와 같은 다양한 소리는 아이들의 두뇌를 자극하여 지식활동을 활발하게 하는 가장 영향력 있는 도구입니다. 소리를 통해 아이들은 동물이나 사물의 소리뿐 아니라, 그의 이름과 특징 또한 빠른 속도로 인지하게 될 것입니다. 소리책 중엔 아이들이 더 성장하여 읽게 될 명품 동화로 만든 캐릭터와 함께하는 소리책들을 만나게 해주면 아이들은 훗날 책에 대한 더 특별한 관심을 갖게 될 것입니다.

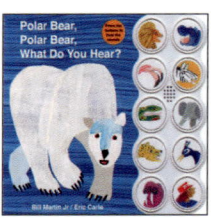

Polar Bear, Polar Bear, What Do You Hear? Sound Book

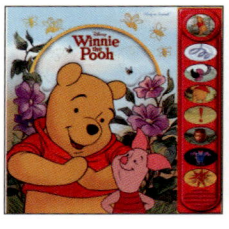

Winnie the Pooh Sound Book

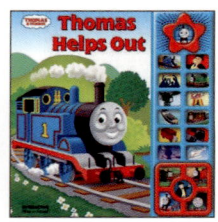

Thomas Helps Out Sound Book

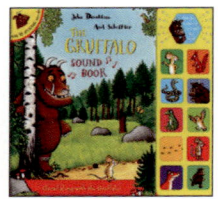

The Gruffalo Sound Book

[헝겊책/딸랑이책]

헝겊책이나 딸랑이책은 무엇이든 들고 흔드는 신생아들이 안전하게 가지고 놀 수 있도록 만들어진 책이며 동물이나 자연, 일상에서 듣게 되는 소리 등을 중심으로 주제별로 묶어놓은 워드북(word books)이며 기초 컨셉북(Basic concept books)입니다.

Dr. Seuss' Circus McGurkus 1,2,3!   The Very Hungry Caterpillar Cloth Book   Fuzzy Bee and Friends   Good Night, Teddy

Jemima Rattle   Baby Rattle Book: Ellie the Elephant   Baby Rattle Book: Ellie the Elephant   Rattle Book My Farm

[목욕책]

비닐로 만든 목욕책은 주로 물과 가까운 동물들을 다루거나 물놀이와 관련된 주제를 담고 있습니다. 목욕책은 아이들이 목욕을 하는 동안 펼쳐서 읽어주고 또 가지고 놀게 합니다. 엄마의 자궁과 비슷한 환경에서 만나는 목욕책은 아이들을 정서적으로 안정시켜주어 지식 활동이 활발하게 일어나게 해줄 좋은 교실이 되기도 합니다.

In the Water   The Rainbow Fish   Little Quack's Bath Book   Whale Bath Book

[아기 동요와 자장가 책]

아기 동요와 자장가가 담긴 그림책은 책을 사랑하게 하는 가장 멋진 다리를 놓아줍니다. 이러한 책들에 아무 관심을 보이지 않는 것 같아도 노래와 그림에 많이 노출이 된 아이들은 차츰 책과 노래에 남다른 관심을 보이게 될 것입니다.

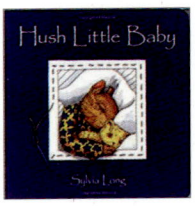  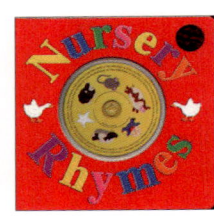 

Hush Little Baby   Bedtime Lullaby   Nursery Rhymes   Usborne Very First Nursery Rhymes

[베이비 사전]

아기도 신생아기를 지나면서 얻은 정보들이 있고 또 그 정보들을 정리해주는 아기용 사전이 있습니다. 자신과 꼭 같은 몸짓을 하는 다른 아기를 보면 신생아들은 말을 걸거나 손으로 만져보며 특별한 반응을 보입니다. 아기의 다양한 활동을 담아 놓은 베이비 사전들은 신생아에게 필요한 기초 정보들을 정리해주고, 나름의 지식 활동이 시작되도록 도와주어야 합니다.

"독서가 안 되는 아이들을 고쳐주긴 어려운 일이지만, 예방하기는 아주 쉽습니다."* 아이들의 읽기 실력뿐 아니라 지식과 정서, 두뇌활동, 학습 습관에도 큰 영향을 주는 독서는 신생아 때부터 잘 자리잡을 수 있도록 적극 도와주어야 합니다.

*Fox, Mem. *Reading Magic*. Orlando: Harcourt. 2001. pp.13-24

유아기와 영어 그림책 Toddlers (만1~3세)

걸음마를 시작하면서 활동이 자유로워지기 시작하는 유아기는 온 사방을 다니면서 신세계를 탐색하고 이를 상대로 다양한 실험을 감행하는 시기입니다. 지적 호기심이 충만한 유아들은 온종일 분주하게 다니며 물건에 낙서하고, 칫솔로 변기를 닦으며, 물병을 깨기도 합니다. 그리도 이들 곁엔 다정한 목소리로 "누가~" 하고 얼러주던 부모님 대신에 "안 돼!"라고 외치면서 하는 일마다 제재하는 부모가 있습니다. 게다가 엄마 품엔 둘째 아기가 안겨있고, 배변 훈련 때문에 질책이 이어지기라도 하면 이런 유아가 직면한 현실은 가혹한 것입니다.

이런 유아들을 James Loder는 "비극의 영웅"이라 말합니다.[3] 실수와 낭패로 얼룩진 아이는 수치심과 좌절감을 경험하게 됩니다.

신체활동과 두뇌활동이 활발한 이들, 지적 호기심이 극에 달한 유아들, 그러나 자신들이 시도하는 대부분의 일들로부터 좌절을 경험하기 쉬운 이들이 안정과 보호를 느끼며, 자존감을 잃지 않고 성장하게 해주며, 지적 욕구를 충족시켜주며, 지구촌에 적응할 방법들을 잘 배울 수 있게 하려면,

① 다양하고 적극적인 교육 환경 (방문, 놀이, 독서, 대화, 지식 활동, 음악감상, 생활 체험, 신체 활동 등)을 통해 아이의 지적 욕구가 충족될 수 있는 다양한 놀이 환경을 만들어주고

② 일관성과 존중이 함께하는, 위협이 아닌 설명을 통해 아이들의 이해와 양해를 끌어내는 훈육을 하며

③ 좌절과 낭패를 많이 경험하는 Trial and Error의 시기인 만큼, 아이가 할 수 있는 일들을 적극 찾아주고 해낸 일들에 대한 칭찬과 격려를 아끼지 않도록 해야 합니다.

"미운 세 살"의 아이들이 경험하는 이 모든 혼란과 좌절스러운 마음을 보듬어주는 동시에 이들의 느낌과 생각에 공감해주고, 이들이 살아가는 데 필요한 지식과 정보를 주며, 이들의 무한한 상상력과 호기심을 충족시켜주며, 아이가 경험하는 모든 것을 표현해줄 말을 배우게 하고, 아이를 웃게 해 줄 이 모든 일을 한 자리에서 해줄 수 있는 것이 바로 그림책이며 책과 함께하는 스토리타임입니다.

유아가 만나는 그림책엔 신생아의 컨셉북들과는 다른 좀 더 특별한 것이 있습니다. 그 중 첫 번째는 신생아에서는 사물을 보고 그에게 이름을 붙여주는 워드북(Word Books)이 이 연령을 대변하는 책이었다면, 유아들이 만나는 책은 한 마디로 일정한 문장이 반복되는 패턴북(Predictable Pattern Books)입니다. 이 패턴북들은 간단한 패턴을 이루지만 하나의 주제(Main Idea)를 가지고 있으며, 주어진 문장 전체를 아울러주는(Integrating) 마무리가 있고, 그 곳에 하나의 의미를 부여해준다는(Blooming, Celebrating, or Meaning Making) 점에서 포스터나 단어카드가 주는 것과는 다른 두뇌(reading brain)를 만들어주는 힘이 있습니다.

유아들이 만나는 책들을 유형별로 분류하면 다음과 같습니다.

[토들러 컨셉북]

신생아 때 만난 워드북들은 토들러 시기까지 계속 즐기게 해줍니다. 그리고 토들러 시기에는 아래와 같이 사물의 모양이나 숫자, 인과 관계 및 아이들이 만나는 세상에 관한 지식과 정보를 주는 컨셉북을 더 많이 만나게 해줍니다.

Before and After

Big and Little

My Nose, Your Nose

Hop, Skip, Jump!

Color Zoo

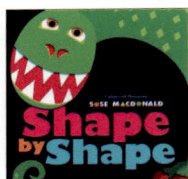
Shape by Shape

Dinosaur Roar

Big Fat Hen

One Gorilla

It's Mine!

Snail, Where Are You?

Monster, Monster

   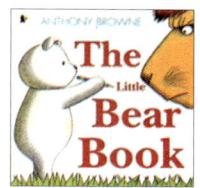

School Bus　　　　Rain　　　　Freight Train　　　　The Little Bear Book

[패턴북]

단어만 바꿔가면서 같은 문장을 반복하는 패턴북들은 아이가 책과 금방 친해지게 하는 마술과 같은 힘을 가지고 있습니다. 패턴북들은 앞에서 언급한 바와 같이 주어진 정보를 아우를 줄 아는 두뇌(Reading Brain)를 만들어주며, 무엇보다 낯선 언어와 친해지게 하여, 주어진 단어들을 모아 문장을 만들어내는 훈련을 시켜줍니다. 유아기가 아니어도 이런 패턴북들은 영어책 경험이 없는 아이 누구에게나 말을 배우는 첫 번째 책으로 활용할 수 있으며, 아이들은 그림책에서 스토리를 이끌어가는 작가의 문학적 끼와 예술적 성향을 경험하게 될 것입니다.

아이들의 신체 그리고 동물과의 만남을 주선하는 패턴북

   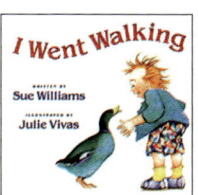

Brown Bear　　　　Polar Bear　　　　Panda Bear　　　　I Went Walking

From Head to Toe

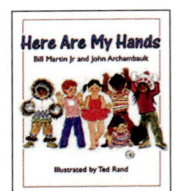
Here Are My Hands

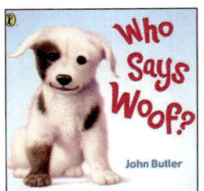
Who Says Woof!

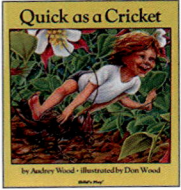
Quick as a Cricket

Ten Little Fingers and Ten Little Toes

Piggies

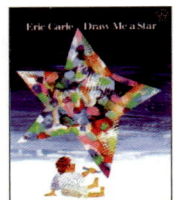
Draw Me a Star

사랑을 확인받고 싶은 욕구가 강한 유아를 위한 캐릭터북 (Mom and Babies)

Whose Baby Am I?

Does a Kangaroo Have a Mother, Too?

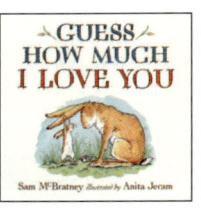
Guess How Much I Love You

How Do You Feel?

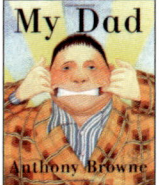
My Dad

My Mom

Arnold Always Answers

Hooray for Fish!

No, David! David Gets in Trouble Oh, David! David Goes to School

[처음 만나는 스토리북]

토들러들이 처음 만나는 스토리북이 있습니다. 패턴북의 형태를 가지고 있지만 인물과 배경이 있고 글의 순서(Sequence)나 원인과 결과(Cause and Effect) 그리고 문제해결(problem-solution)과 같은 스토리적인 구성 요소를 갖춘 책들입니다. 이 이야기들은 시행착오가 많은 토들러들을 보듬어주고, 결과를 보고 스스로 배울 기회를 주며, 문제를 해결하는 과정을 보여주기도 하고 또 해피엔딩을 통해 기대와 희망을 전해주는 동화들입니다.

문제 해결 과정 및 빛나는 엔딩을 보여주는 희망 동화 (Blooming, Problem Solving)

   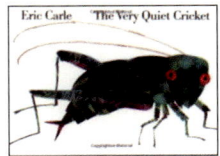

Dear Zoo The Very Hungry Caterpillar The Very Busy Spider The Very Quiet Cricket

Hug

Where is the Green Sheep?

Can You Keep a Secret?

Five Little Ducks

Do You Want to Be My Friend?

Have You Seen My Duckling?

The Chick and the Duckling

Knuffle Bunny

다양한 캐릭터를 통해 삶의 지혜를 전하는 유아 지침서(Characters, Cause-Effect)

Don't You Dare, Dragon!

지식 활동: 용의 특징

사고 활동: 실수가 많은 아이지만 누군가에게 여전히 쓸모가 있으며 그러면서 성장하는 것임을 알려주는 희망동화입니다.

Bark, George

지식 활동: 동물의 소리
사고 활동: "그 속에 있는 것이 밖으로 나오게 마련입니다."라는 교훈을 던져줍니다.

The Napping House

지식 활동: 크기와 순서
사고 활동: 아주 작은 것 하나가 때론 모든 것을 순식간에 바꿔놓을 수 있으며, 쌓이면 넘치는 것입니다.

There Was an Old Lady Who Swallowed a Fly

지식 활동: 크기와 순서
사고 활동: 문제를 해결하려 하지 않고 급하게 수습만 하면 문제를 더 키우게 되고 결국 돌이킬 수 없는 큰 재앙을 부르게 됩니다.

See You Later, Alligator!

지식 활동: 일과(Daily Routine)
사고 활동: 자기의 편의만 생각하고 협조할 줄 모르는 사람은 함께 얻은 열매를 누릴 수 없습니다.

[라임과 동요책]

말을 배우기 시작하는 유아들은 하루 종일 노래하길 좋아합니다. 리듬과 라임으로 가득한 동요는 소리의 즐거움을 주고, 말을 배우는 데도 큰 도움을 줍니다. 특별히 그림책으로 만들어진 동요는 노래에 담긴 의미가 무엇인지도 알게해주고 문자 언어와도 친근해질 기회를 제공하기 때문에 리터러시 전문가들은 이 노래책들을 "글 읽는 아이로 가는 첫 단계 책"이라고 말하기도 합니다. 특별히 오랜 역사를 지닌 클래식 동요들, Mother Goose라고도 불리우는 클래식들은 서양의 문학 세계의 뿌리로서 셰익스피어를 비롯한 문학 작품 중에도 수시로 등장하는 역사적 산물이므로 이들부터 듣고 익혀두면 좋습니다.

Five Little Ducks

The Wheels on the Bus

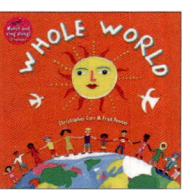
Whole World

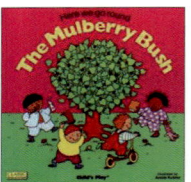
The Mulberry Bush

Good Night Moon

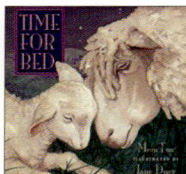
Time for Bed

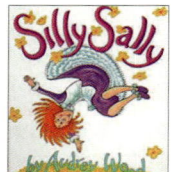
Silly Sally

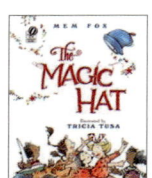
The Magic Hat

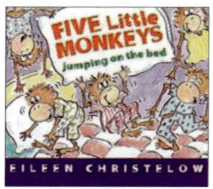
Five Little Monkeys Jumping on the Bed

Five Little Monkeys Sitting in a Tree

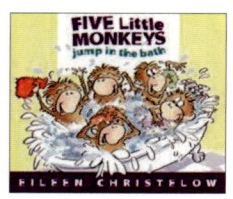
Five Little Monkeys Jump in the Bath

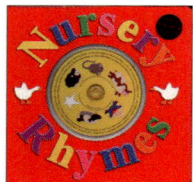
Nursery Rhymes

[토들러 에피소드]

매이지나 스팟처럼 캐릭터를 중심으로 만들어진 시리즈 도서들은 또래 친구와 더불어 아이가 접하는 일상의 모든 것을 배우고 익히게 하는 데 지대한 영향을 미칩니다. 화장실에서, 방에서, 식탁에서, 수영장에서, 침대에서, 그리고 놀이터에선 무엇을 하고 어떻게 하면 되는지 스토리 속 캐릭터와 함께하는 동안 아이들은 생활 속 지식을 얻게 되며 아이를 위한 일상의 언어도 배우게 될 것입니다.

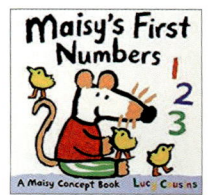
Maisy's First Numbers

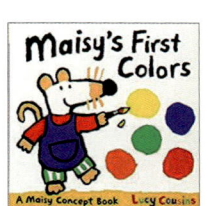
Maisy's First Colors

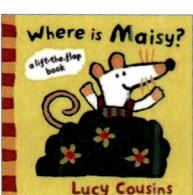
Where Is Maisy?

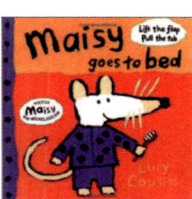
Maisy Goes to Bed

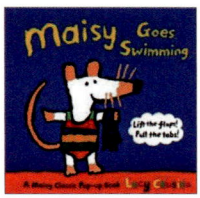
Maisy Goes Swimming

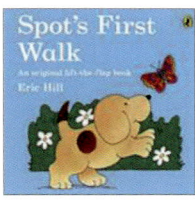
Spot's First Walk

Where's Spot?

Spot Looks at Colours

Spot says Goodnight   Spot Goes to the Farm

[토들러 사전]

다양한 정보를 아울러주는 유아용 참고 도서들은 아이들이 여기저기서 얻게 된 정보들을 주제별로 정리해주는 곳이며 또 궁금한 것을 찾아 필요한 지식을 얻게 하는 장을 제공해줍니다. 유아 사전들은 장난감과 동물, 의상과 탈 것 등, 아이들에게 필요한 정보들을 주제별로 정리하여 소개해주고 있습니다. 아이들이 궁금한 것은 스스로 찾아보고 또 이미 아는 정보들을 정리할 기회를 준다는 점에서 유아를 위한 사전은 한두 권이라도 꼭 준비하도록 합니다. 스스로 학습하는 좋은 습관을 가지게 될 것입니다.

The Feeling Book

The Family Book

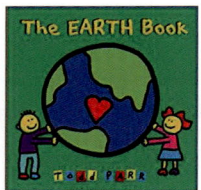
The Earth Book

It's Okay to Be Different

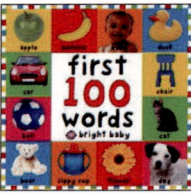
First 100 Words

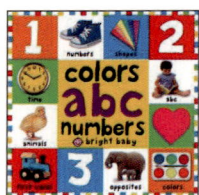
Colors ABC Numbers

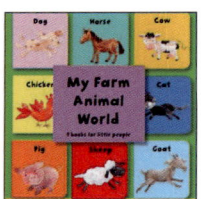
My Farm Animal World

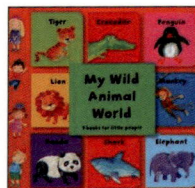
My Wild Animal World

유년기와 영어 그림책 Preschoolers (만 3~6세)

만 3세 정도가 되면 정신 없이 사고만 치던 아이들은 갑자기 공주가 되고 수퍼맨이 됩니다. 핑크색 드레스와 반짝 구두를 신고 머리엔 왕관을 쓰고 돌아다니며, 남자 아이들은 목에 두른 스카프를 휘날리며 수퍼맨 행세를 합니다. 이들은 동화 속 주인공의 일상을 꿈꾸며 판타지 세상에 들어가 삽니다. 매직 카펫을 타고, 숲 속의 괴물과 싸우며, 요술 방망이를 들고 황금 마차를 주문하면서 지냅니다.

이들은 종일 재잘거리고 재미난 노래를 흥얼거리며 돌아다니고, 인형 놀이, 즉 인형을 들고 왕자도 되고, 공주도 되고, 무서운 마녀도 되어가며 역할극을 즐깁니다. 유년기 아이들은 스토리를 좋아합니다. 아무리 많은 이야기를 해주어도 먹고 돌아서면 배가 고픈 아이처럼, "또 얘기해줘! 또 얘기해줘!"라고 하면서 졸라댑니다.

전문가들은 이 시기의 아이들에겐 정말 많은 이야기(Fairytales)가 필요하다고 말합니다. 스토리 속에 등장하는 백설 공주를 보며 죽음과 같은 시간도 끝이 아니며, 포기하지 않는다면 우린 마녀와 날아다니는 용도 무찌를 수 있다는 걸 알게 되고, 뮬란이나 라이온 킹과 같은 영웅 이야기를 통해 세상을 바꾸는 주인공이 되어보는 것입니다. 만화 영화를 통해서 이런 이야기들은 훨씬 더 드라마틱하게 만날 수 있고 이런 명화들만큼은 애니메이션을 보게 하라고 권하고 있지만, 부모의 입을 통해 들려주는 베드타임 스토리에는 화려한 명화로도 줄 수 없는 특별한 것이 있습니다. 많은 이야기를 직접 들려주는 일이 할 일 많은 부모에게 때론 적지 않은 부담으로 다가오겠지만 아이들이 이때 만나는 스토리들은 보이지 않는 내일을 살아갈 힘과 용기를 준 시간으로 기억될 것입니다.

지적 호기심이 충만한 유년기 아이들에겐 스토리북을 비롯하여 다양한 유형의 도서들이 필요합니다. 이들의 지적 호기심을 충족시켜주고, 꿈을 꾸게 하며, 지식 성장을 도와줄 도서들을 유형별로 소개하자면 다음과 같습니다.

[처음 만나는 논픽션]

지적 호기심이 더욱 강해지는 유년기의 아이들에게 다양한 종류의 지식과 정보를 주는 책, 처음 만나는 논픽션(Nonfiction Books)이라 할 그림책들이 있습니다. 이들은 아이들이 좋아할 스토리로서의 구성력을 가지고 있는 동시에 자연과 동물, 사회 현상에 대한 지식과 정보를 한 눈에 정리해주고 있어 "똑똑한 아이"로 성장을 돕는 멋진 책이 되어줄 것입니다.

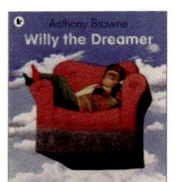
Willy the Dreamer

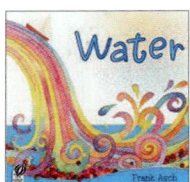
Water

Changes, Changes

Today is Monday

Everyone Poops

What's the Time, Mr. Wolf?

Dinosaur Encore

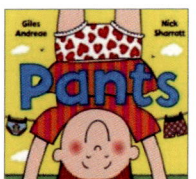
Pants

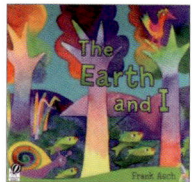   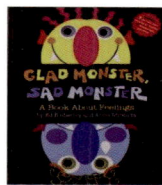

The Earth and I   Lots of Feelings   Go Away, Big Green Monster!   Glad Monster, Sad Monster

  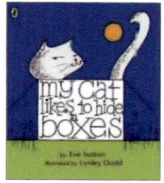 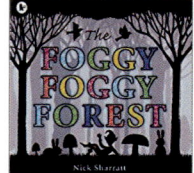

Bread, Bread, Bread   What's Up, What's Down?   My Cat Likes to Hide in Boxes   Foggy, Foggy Forest

[추리 동화]

다음에 무슨 일이 생기게 될지 계속해서 아이들의 호기심과 상상력을 자극하는 동화를 통해 아이들은 다음을 예측하는 기회를 얻을 수 있습니다.

  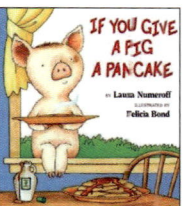 

If You Give a Mouse a Cookie   If You Take a Mouse to School   If You Give a Pig a Pancake   If You Take a Mouse to the Movies

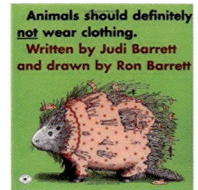 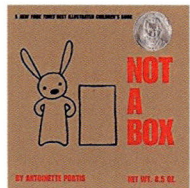  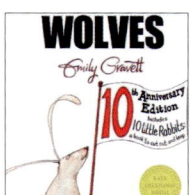

Animals Should Definitely Not wear Clothing   Not a Box   Snail, Where Are You?   Wolves

[유년기 성장동화]

꿈꾸는 아이들이지만 여전히 어설프고 사고가 많은 유년기 아이들. 비교심도 많고 하루에도 수십 번 희망과 좌절을 경험하는 이들에게 희망과 위로의 메시지를 전해주는 성장동화들이 있습니다. 유년의 아이들은 이런 책 속에서 지혜와 용기를 얻으며 내일을 향한 희망을 노래하게 될 것입니다.

위로와 희망의 메시지를 담아놓은 캐릭터북(Character and Feeling)

Don't You Dare, Dragon!

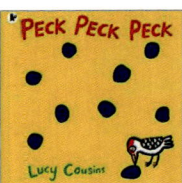
Peck, Peck, Peck

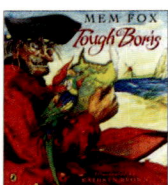
Tough Boris

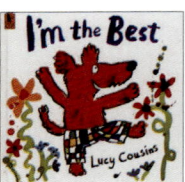
I'm the Best

Noisy Nora

The Grouchy Ladybug

Where the Wild Things Are

Jasper's Beanstalk

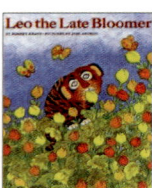
Leo the Late Bloomer

The Story of Little Mole

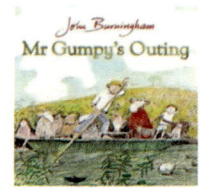
Mr Gumpy's Outing

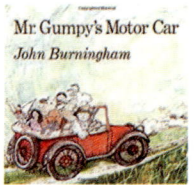
Mr Gumpy's Motor Car

여전히 곁에 있어줄 절대의 사랑을 말해주는 감성 카릭터 동화

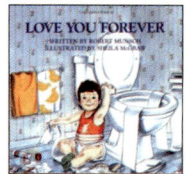
Love You Forever

Papa, Please Get the Moon for Me

Llama Llama Red Pajama

Peace at Last

No Matter What

The Runaway Bunny

Mama, If You Had a Wish

Mama, Do You Love Me!

Love Matters Most

Monkey Puzzle

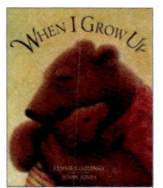
When I Grow Up

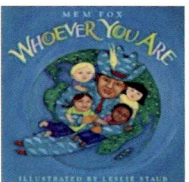
Whoever You Are

지혜와 용기의 메시지를 담은 스토리북

감사와 수용, 협력, 양보, 조심성, 신중함, 지혜와 용기, 나눔 등 성숙한 삶에 대한 지혜서와 같은 그림 동화들은 아이들의 지식과 삶을 연결해주어 지혜롭고 성숙한 지성인으로의 성장을 이끌어 줍니다.

Hattie and the Fox

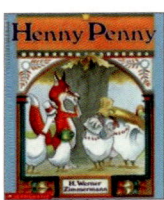
Henny Penny

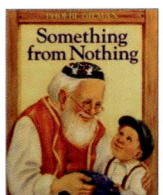
Something from Nothing

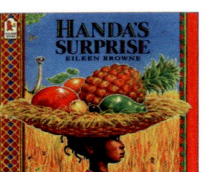
Handa's Surprise

The Big Hungry Bear

Merry Christmas, Big Hungry Bear!

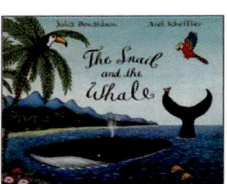
The Snail and the Whale

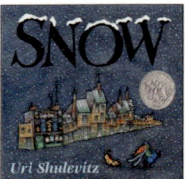
Snow

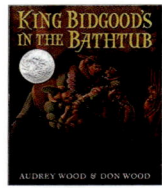
King Bidgood's in the Bathtub

The Odd Egg

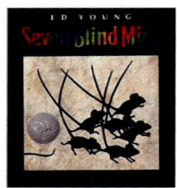
Seven Blind Mice

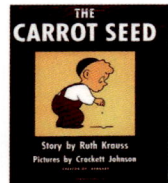
The Carrot Seed

[캐릭터 애피소드]

Dr. Seuss와 Curious George를 비롯하여 Mo Willems, 그리고 Eric Litwin의 캐릭터 애피소드들은 아이들을 책 속에 푹 빠져들게 하는 특별한 힘을 가지고 있습니다. 아이들은 이런 시리즈 책에 빠져들면서 언어와 지식, 사고능력 등 독자로서의 놀라운 성장을 보여주기도 합니다. 아이들에게 특별한 즐거움을 주는 캐릭터 시리즈들과 관련된 인형이나 컵, 숟가락이나 가방도 사주면서 스토리를 즐기게 하고 책과의 추억을 만들어가도록 도와주면 책을 좋아하고, 영어를 또한 좋아하는 아이가 될 것입니다. 책을 좋아하는 아이가 보여줄 성장의 속도는 그 어느 것도 따라잡을 수 없는 것입니다.

Knuffle Bunny

Knuffle Bunny, Too

Knuffle Bunny Free

Let's Go for a Drive!

Waiting Not Easy!

I Will Take a Nap!

I Broke My Trunk!

Don't Let the Pigeon Drive the Bus!

The Pigeon Needs a Bath!

The Pigeon Wants a Puppy!

The Pigeon Finds a Hot Dog!

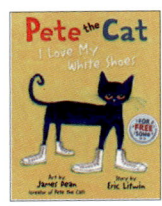 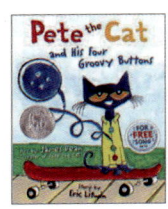 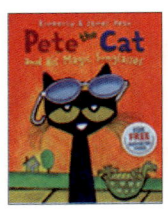 

Pet the Cat I Love My White Shoes   Pet the Cat and His Four Groovy Buttons   Pete the Cat and the Magic Sunglasses   Pete the Cat and the New Guy

[영어 동요책, 라임북]

유년기의 아이들은 소리 언어에 많은 관심을 보이고 노래를 유난히 좋아하여 온종일 노래를 즐기는 아이들입니다. 유아기(Toddler)에 소개한 동요책과 더불어 클래식 동요를 중심으로 더 많은 동요를 즐기게 해주면 낯선 언어와도 친해지는 것은 물론 소리패턴이 더욱 중요한 영어(문자언어)를 익히는 과정에도 큰 도움을 얻게 될 것입니다.

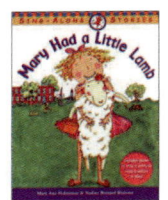  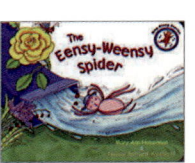 

Mary Had a Little Lamb   Yankee Doodle   The Eency-Weensy Spider   Old Mother Hubbard

 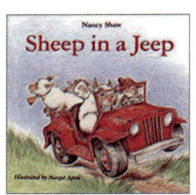  

Each Peach Pear Plum   Sheep in a Jeep   Sheep in a Shop   To Market, To Market

[닥터 수스의 라임북]

미국의 자랑인 닥터 수스, 그의 그림책들은 기발하고 익살스러운 그림과 라임이 가득한 문장, 거기에 의미와 감동을 가득 담고 있어 아이부터 노인까지 전 세계 사람들로 부터 많은 사랑을 받고 있습니다. 그를 기념하기 위해 미국에선 '닥터 수스의 날'을 제정하여 학교마다 다양한 독서 행사를 벌이기도 하며 닥터 수스 상(Theodor Seuss Geisel Award)을 지정하여 매년 멋진 작가들에게 상을 주기도 합니다. 닥터 수스의 책들은 읽기가 막 시작된 아이를 위한 책부터 성인도 즐길 만한 책들까지 다양한데 유년기 아이들이 시작할 수 있는 라임북에는 다음과 같은 책들이 있습니다.

Dr. Seuss' ABC

Hop on Pop

Hand, Hand, Fingers, Thumb

Mr.Brown Can Moo! Can You?

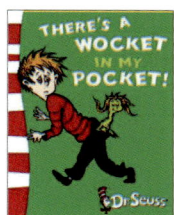
There's a Wocket in My Pocket!

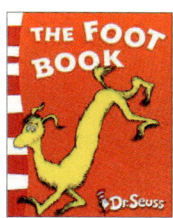
The Foot Book

One Fish, Two Fish, Red Fish, Blue Fish

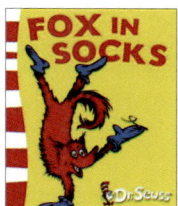
Fox in Socks

[알파벳북]

라임북의 일종(Beginning Rhymes)으로 분류할 수 있는 알파벳북. 이들은 알파벳에 관심을 보이기 시작하는 아이들을 재미있고 기발한 상상의 세계로 이끌어줍니다. 전 세계의 명화들을 알파벳 순서대로 만나보기도 하고, 이젤이나 창문과 같은 생활 속의 사진들을 A와 B로 만나게 하는 알파벳북도 있으며, 알파벳 소리를 따라 과거와 미래를 여행하기도 하고 같은 첫소리가 나는 단어들(예: elephant elevator)을 그림으로 만나보게 해줍니다. 알파벳 그림책을 만나는 동안 아이들은 알파벳 철자와 친해지고 글자가 스토리가 되는 다양한 상상의 세계를 경험하게 될 것입니다.

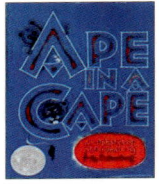
Ape in a Cape

Me! Me! ABC

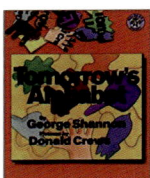
Tomorrow's Alphabet

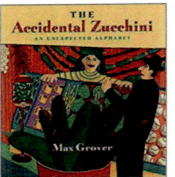
The Accidental Zucchini

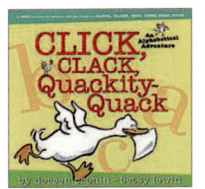
Click, Clack, Quackity-Quack

Chicka, Chicka, Boom, Boom

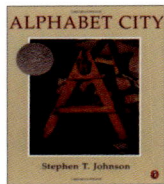
Alphabet City

Cleo's Alphabet Book

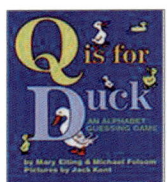
Q is for Duck

Dr. Seuss's ABC

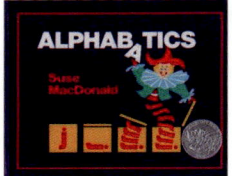
Alphabatics

[놀이책]

스토리를 좋아하고 역할극과 인형 놀이를 좋아하는 유년기, 이 시기의 아이들이 손으로 놀면서 스토리를 즐기게 해주는 놀이책들이 있습니다. 유년기 아이들 손에 주어진 팝업북은 영화를 즐기거나 게임을 할 때 느낄 수 없는 "주만지(Jumanji)"의 세계를 열어주고 아이를 무한 상상의 세계로 이끌어주고, 평생에 잊지 못할 추억의 책이 되어 줄 것입니다.

My Granny's Purse

My Grandpa's Briefcase

Maisy's House

Alice's Adventure in Wonderland

The Gruffalo

Oh the Places You'll Go!

[유년기 사전]

알파벳 순이 아닌 주제별 사전(참고서)이 있습니다. 호기심이 많은 연령에 있는 아이들의 지적 욕구를 충족시켜주고 다양한 지식과 정보들을 모아 체계적으로 제공해주는 참고 도서들은 지식 탐구에 대한 즐거움과 함께 지식인으로서의 성장을 돕는 장을 열어줄 것입니다.

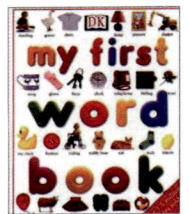
My First Word Book

Thomas & Friends

Barbie

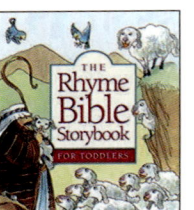
The Rhyme Bible Storybook

Little Kids First Big Book of Why

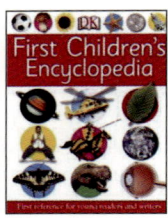
First Children's Encyclopedia

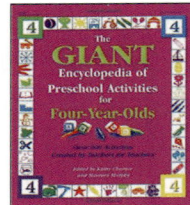
The Giant Encyclopedia of Preschool Activities for Four-Year-Olds

아동기와 영어 그림책 School Age (만 6~12세)

학령기이기도 한 이 아이들은 상상의 세계에서 나와 현실을 인식하고 학교와 사회생활에 순응해가기 시작하는 아이들입니다. 유치원(만6세) 연령으로 시작되는 아동기 아이들은 선생님 말씀을 잘 듣고, 주어진 과제들을 열심히 감당하며, 주어진 규칙을 힘써 지키려는 아이들입니다. 이들은 개인의 경험과 취향에 따라 자신이 원하는 것을 적극적으로 탐구하기 시작하는 아이들인데, 이들은 때로 어른을 놀라게 할 정도의 정보력을 보여주기도 합니다.

아동기를 지나면서 아이들이 축적해가는 지식의 양은 엄청날 수 있습니다. 본격적인 학습 활동이 시작되는 아동기는 좋은 책을 만날 수 있게 해주고, 책 읽기 좋은 독서 환경을 만들어줄 중요한 시기입니다. 학년이 올라가면서 학습 부담은 커지고, 화려한 사이버 콘텐츠들이 아이들을 유혹합니다. 하지만 이런 때에 아이들이 사이버 세상에 빠져 진짜 세상을 알아가는 시기를 놓치지 않도록 아이들을 책 앞으로 이끌어주어야 합니다.

아동기 아이들은 의미와 감동을 주는 스토리북이 본격적으로 필요한 시기입니다. 영혼을 빼앗긴 기능인처럼 살게 하는 첨단 기능사회에서, 이들의 정신을 깨워줄 주옥같은 동화들이 있다는 것은 우리 모두에게 고맙고 다행스러운 일이 아닐 수 없습니다. 그림동화는 아이들의 정신 세계를 풍요롭게 해주고, 지식과 생각이 함께 자라게 해주며, 잘 다듬어진 언어, 집중력과 분석력, 문제해결 능력, 그리고 창의적인 활용능력을 갖게 할 일생의 양서가 될 것입니다.

학습활동이 본격적으로 이루어지는 아동기에는 또한 많은 종류의 논픽션 도서가 필요합니다. 자연과 과학, 사회와 생활 상식 등을 담은 논픽션 도서들은 학습서가 보여주지 못하는 지식과 정보들을 한 눈에 보게 해주고, 아이들의 지식 세계가 확장되는 최상의 학습 환경을 마련해줄 것입니다.

유치(7세)원 연령부터 시작되는 학령기 아동이 읽어두어야 할 도서들을 유형별로 소개하면 다음과 같습니다.

[포임북]

포임북은 자연과 생명, 세상의 모든 아름다운 것을 노래하는 시집이기도 합니다. 한 페이지 한 줄 짧은 글과 함께하는 포임북들은 내용은 많지 않지만 분주한 일상을 보내는 부모와 아이에게 주어진 아름다운 것들에 대해 함께 생각하고 휴식과 안정을 주는 힐링 동화가 될 것입니다.

Around the Year

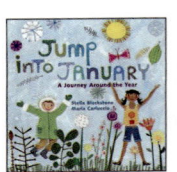
Jump into January

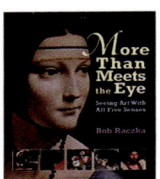
More than Meets the Eyes

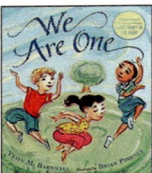
We Are One

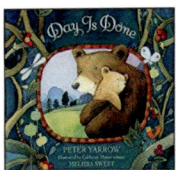
Day Is Done

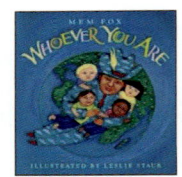
Whoever You Are

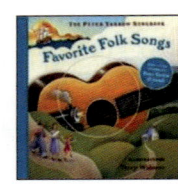
Favorite Folk Songs

No One Saw

Sunshine on My Shoulders

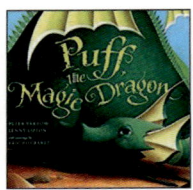
Puff the Magic Dragon

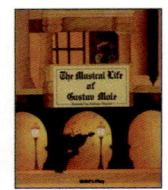
The Musical Life of Gustav Mole

The Lost Music

 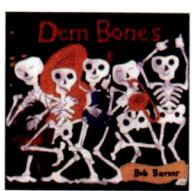 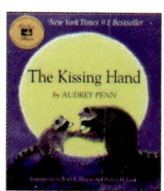 

| The Fabulous Song | Dem Bones | The Kissing Hand | Ah, Music! |

[스토리북]

학령기 아이들이 만나는 그림책의 세계는 놀랍습니다. 전 세계 인들의 유산이 될 아름다운 이야기와 깊은 여운을 남겨주는 명품 책에 이르기까지 세상은 일생의 유산이 될 그림책이 너무 많습니다. 그림책을 단지 챕터북을 만나기 전에나 읽는 유아용 도서로 여기지 말고, 문학과 철학적 가치가 뛰어난 명품 그림 동화들을 잘 골라줄 수 있으면 아이들은 책과 더불어 깊이 있고 성숙한, 지혜롭고 현명한 시대의 지식인으로 잘 자라게 될 것입니다.

영어를 말하기 전에, 삶의 이모저모를 보게 해주며, 작품으로서 의미와 감동을 주고, 독자들에게 깊은 메시지를 전하려는 작가의 마음을 따라 아이들에게 위로와 용기, 지혜서가 되어줄 스토리북들을 나열해 보았습니다. 무엇부터 골라야 할지 모르는 부모와 교사들에게 우선하여 살펴볼 스토리북이 되기를 바라며 '일생의 이야기'를 찾아가는 그림책과의 만남이 평생을 두고 이어지길 기대합니다.

학령기의 아이들이 경험하는 문제들, 이들의 느낌과 생각을 다루는 캐릭터 동화

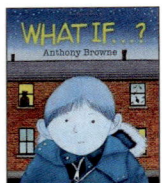
What If…
용기/신뢰

Changes
용기/신뢰

Far Far Away
신뢰/사랑

Yo! Yes?
우정

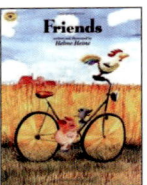
Friends
우정

Ready for Anything
캐릭터/우정

The Rabbit's Wedding
우정과 사랑

Corduroy
우정과 사랑

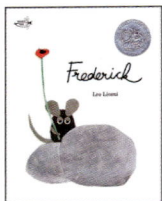
Frederick
존중

Amazing Grace
용기

Mole Music
꿈과 용기

Hildilids' Night
꿈과 희망

Sam and Dave Dig a Hole
꿈과 현실

The Story of the Little Mole
위로와 격려

My No, No, Day!
위로와 격려

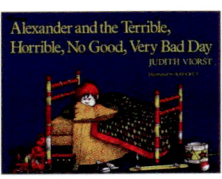
Alexander, and the Terrible, Horrible, No Good, Very Bad Day 위로와 격려

지혜와 용기, 섬김과 돌봄 등 삶의 가치와 의미를 생각하게 해주는 성품 동화

A House for Hermit Crab 양보/배려

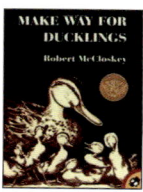
Make Ways for Ducklings 배려

One of Each 배려

Brave Irene 돌봄/섬김

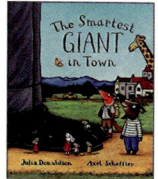
The Smartest Giant In Town 돌봄

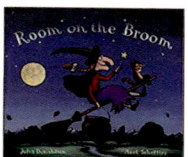
Room on the Broom 돌봄

Don't Laugh at Me 존중

A Chance to Shine 섬김

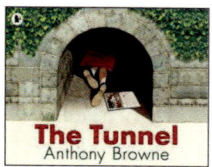
The Tunnel 돌봄

Wilfrid Goldon McDonald Patridge 돌봄

The Giving Tree 섬김

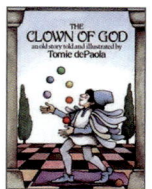
The Clown of God 섬김

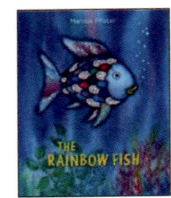
The Rainbow Fish
배려

Rainbow Fish to the Rescue! 배려

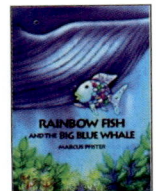
Rainbow Fish and the Big Blue Whale
경청

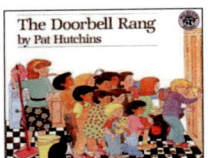
The Doorbell Rang
나눔/배려

Swimmy
협력

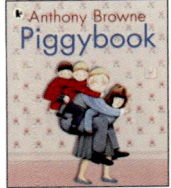
Piggybook
참여/협조

Stone Soup
참여/협조

Creepy Carrots!
지혜와 용기

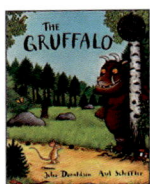
The Gruffalo
지혜와 용기

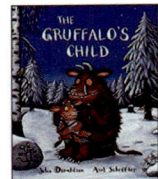
The Gruffalo's Child
지혜와 용기

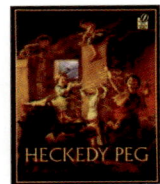
Heckedy Peg
지혜와용기

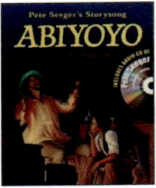
Abiyoyo
지혜와용기

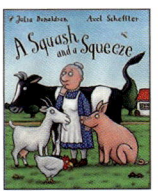
A Squash and a Squeeze 감사

Finders Keepers 감사

How the Grinch Stole Christmas! 감사

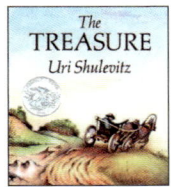
The Treasure 감사

Once a Mouse 감사/겸손

Marvin Wanted More! 겸손

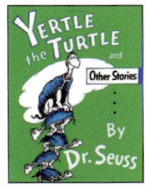
Yertle the Turtle 겸손

Sneetches 수용/겸손

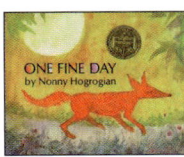
One Fine Day 인내

Green Eggs and Ham 끈기

Hope for the Flowers 꿈과 희망

Oh the Places, You'll Go! 용기와 인내

Percy the Pink 수용

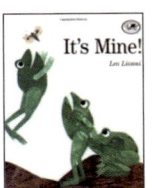
It's Mine 화목

Big Wig 자존감

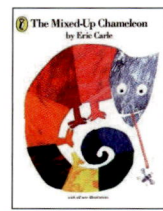
The Mixed Up
Chameleon 성실

Petunia
정직/겸손

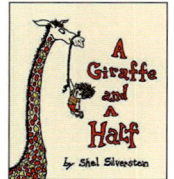
A Giraffe and a Half
허영

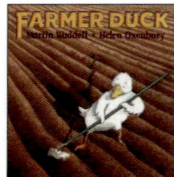
Farmer Duck
성실

Extra Yarn
성실

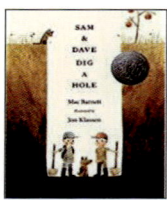
Sam and Dave
Dig a Hole
성실

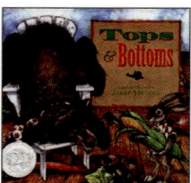
Tops & Bottoms
성실

Strega Nona
정직과 성실

I Want My Hat back
정직

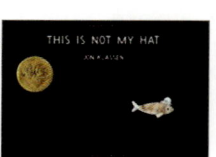
This Is Not My Hat
정직

We Found a Hat
정직

[캐릭터 시리즈 동화]

유치원과 초등학교를 다니기 시작할 무렵의 아이들에게 생기는 문제는 다양합니다. 동생을 돌봐야 하거나, 언니와 다투게 되고, 학교 생활에 적응하는 과정에서 생기는 많은 문제를 다룬 캐릭터 시리즈는 아이들에게 웃음을 안겨주고 위로와 휴식, 희망을 주는 동화가 될 것입니다.

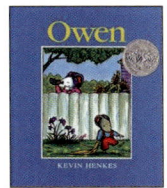 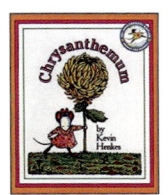 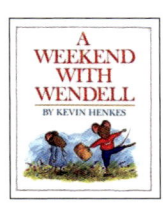 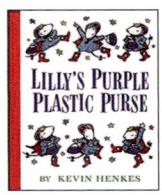

Owen
성장

Chrysanthemum
자존감

A Weekend with
Wendell 우정

Lilly's Purple Plastic
Purse 우정과사랑

  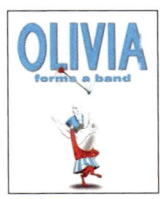 

Olivia
(캐릭터)

Olivia Saves the
Circus (캐릭터)

Olivia Forms a
Band (캐릭터)

Olivia and the
Missing Toy (캐릭터)

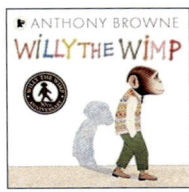 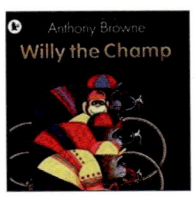 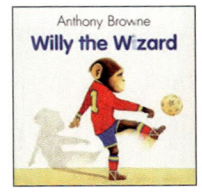 

Willy the Wimp
용기

Willy the Champ
용기

Willy the Wizard
용기

Willy and Hugh
용기와 우정

[닥터 수스 시리즈]

닥터 수스 스토리북들은 그림책의 세계가 우리를 얼마나 특별한 세상으로 이끌어갈 수 있는지 알게 해줍니다. 우스꽝스러운 캐릭터로 말도 안 되는 배경을 설정하여 스토리를 끌고가는 닥터 수스의 작품들은 기괴한 일들로 가득한 지구촌의 뒷모습을 보게 해주고, 이들의 정체는 무엇이며 이들과는 어떻게 마주하며 살아가야 할지 생각하게 해줍니다. 닥터 수스의 작품을 통해 우리는 그가, 도전적이며, 진취적이고, 유머가 넘치는 동시에 분명한 소신과 신념을 가지고 독자들을 어디론가 확실한 곳으로 이끌어가고 있음을 느낄 수 있습니다.

고등학교를 졸업하는 자녀에게 많이 선물하는 책, Oh the Places You'll Go! 는 닥터 수스가 다음 세대에게 남겨준 마지막 작품이기도 합니다. 이 책에서 닥터수스는 인생은 만만치 않지만 과연 도전해볼 만한 것이고, 우린 멋진 도전을 향해 나아갈 멀쩡한 사람들이며, 가만히 앉아서 내일을 기다리는 나약하고 무기력한 우리가 되지 말 것, 가다가 실패하더라도 다시 일어서 앞으로 나아가다 보면 반드시 '해낼 수 있을' 것임을 말해줌으로 그가 정작 아이들에 주고 싶었던 것이 얼마나 위대하고 아름다운 것이었는지 알게 해줍니다.

라임(Rhymes)을 목숨처럼, 그리고 수시로 두운(Alliteration)을 지켜가며 글을 써 내려간 닥터 수스의 작품들은 때론 "기괴한 문장을 좋아하는 작가"라는 평을 듣기도 하지만, 라임을 타고 전해지는 그의 주옥 같은 작품은 영혼에 불이 붙는 것 같은 희열과 감동을 줍니다.

>Oh, the places you'll go! There is fun to be done!
>There are points to be scored. There are games to be won.
>And the magical things you can do with that ball
>will make you the winning-est winner of all.
>Fame! You'll be as famous as famous can be,
>with the whole wide world watching you win on TV.

닥터 수스의 대표적인 작품들은 다음과 같습니다.

 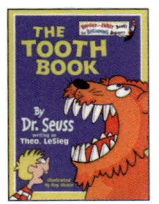  

Wacky Wednesday　　The Tooth Book　　Please Try to Remember the…　　One Fish Two Fish Red Fish…

   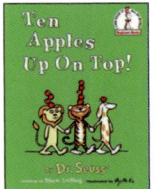

Fox in Socks　　The Cat in the Hat　　I Can Read with My Eyes Shut!　　Ten Apples Up On Top!

Green Eggs and Ham　　The Lorax　　Horton Hears a Who!　　Horton Hatches the Egg

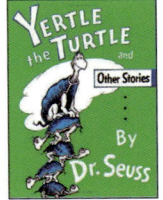   

Yertle the Turtle　　How The Grinch Stole Christmas!　　Sneetches　　Oh, the Places You'll Go!

[Curious George 시리즈]

호기심 많은 개구쟁이 원숭이의 황당한 일상을 그린 Curious George는 1941년에 미국에서 출판된 이래 지금까지 아이들에게 관심과 사랑을 받아온 시리즈 동화입니다. 이 시리즈는 정글에서 데려온 원숭이의 도시 생활에서 벌어지는 조지의 엉뚱하고 당황스러운 이야기들을 담고 있습니다. 이 시리즈는 나치의 공습이 있기 이틀 전, 자전거로 프랑스를 겨우 빠져나온 독일계 유대인 Hans와 Margaret 부부의 작품이며, 2차 세계 대전이 한참인 1941년에 미국에서 처음 출판된 시리즈 속엔 히틀러를 중심으로 전 유럽을 혼란에 빠뜨린 전쟁 중 유대인으로서 느꼈던 두려움과 좌절, 그 가운데에서도 꿈틀거리는 내일에 대한 꿈과 희망을 느낄 수 있습니다. Curious George 시리즈는 처음 출시한 7권의 캐릭터 동화가 유명해지자, 다른 작가들의 손에 의해 조지 이야기는 총 153편까지 계속 되었으며, 이 스토리들은 영화와 비디오, 게임을 통한 창작물로 아이들 곁을 지키고 있습니다. (Curious George. Home by PBS Kids)

Cecily G. and the
9 Monkeys

Curious George

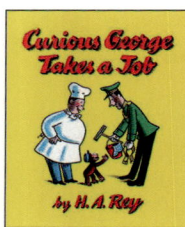
Curous George
Takes a Job

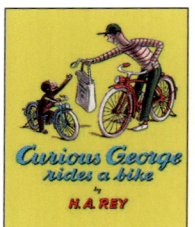
Curious George
Rides a Bike

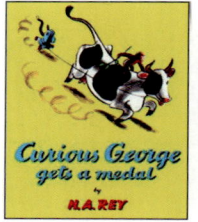
Curious George
Gets a Medal

Curious George
Flies a Kite

Curious George
Learns the Alphabet

[논픽션 리더스]

지적 호기심이 강하고, 많은 지적 성장을 이루어야 할 학령기 아이들에게 논픽션 리더스는 매우 중요한 읽을거리입니다. 과학 동화, 사회 동화, 수학 동화 등 이런 논픽션 시리즈들은 체계적으로 읽을거리를 정리(Curriculum Based)해주고 있으며, 영어로 각종 용어를 익힐 수 있어, 아이들이 글로벌 지식인으로 자랄 최적의 학습 환경을 마련해줍니다. 유치원부터 초등 저학년 연령에 이르기까지 가벼운 그러나 사진과 함께하는 흥미로운 지식과 정보를 제공하는 동시에 읽기 연습이 가능한 논픽션 리더스(Guided Readers)는 얇은 페이퍼북으로 되어 있어 가격 부담이 적으며 워크북이나 추가적인 학습 부담이 없다는 것이 또 다른 강점입니다.

아이들이 접할 논픽션 시리즈들은 다음과 같습니다.

[Scholastic Science Series]

 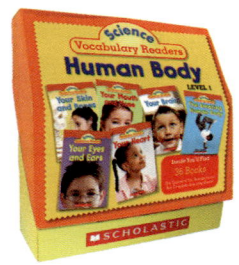 

[Sample Book & Pages]

**Jack and Jill Phonics
(Happy House)**

**Sight Word Readers
(JY Books)**

Time For Kids (인물편)

Time For Kids (자연 과학)

단지 학습을 위한 도서라 하여 아무거나 읽을거리를 쥐어주는 무분별한 독서 활동은 아이들의 읽기를 향한 의욕을 떨어뜨릴 수 있습니다. '내 아이'가 읽을 책은 단계와 목적에 맞게 잘 선정해 주어 읽기 능력과 지식 성장이란 두 개의 목표가 잘 이루어지도록 합니다.

온라인으로 가는 시대적 변화를 거스를 수 없는 것이라면 보다 실감나는 사진과 흥미로운 볼거리를 제공하는 온라인 독서도 좋은 대안입니다. 이들은 소장 가치가 있는 책들이라기보다 시기에 적절한 정보를 주는 책이며, 무수하게 많은 읽을 거리(특히 영어로 된)를 도서관에서 찾거나 구매로만 해결할 수는 없기 때문입니다.

[사전류]

학령기 아이들에게 사전은 매우 중요한 의미가 있습니다. Picture Dictionary부터 알파벳 순으로 가는 사전은 단어의 정확한 뜻이 무엇인지를 그림으로 먼저 보게 해주고, 의도하지 않던 연관 지식까지 제공해주며, 무엇보다 아이 스스로 필요한 정보를 찾아가게 하는 훈련(Self-Study Skills)을 시켜주기 때문입니다.

무엇이든 빠르고 쉽게 정보를 얻을 수 있는 온라인 사전도 많이 있지만, 그림책 단계에 있는 아이들에겐 사전을 통해 정보를 얻을 기회를 자주 주도록 합니다. 사전과 가까이하며 자라는 아이는 기초 정보만 가지고 살아가는 기능인이 아니라, 관련 지식까지 폭넓게 이해하고 있는 시대의 지식인으로 성장할 기회를 얻게 될 것입니다.

유치원 연령대부터 만날 처음 만나는 사전은 다음과 같습니다.

 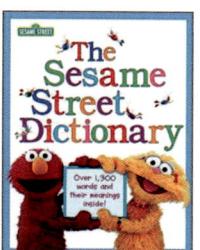 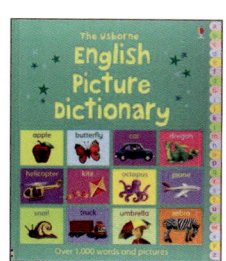 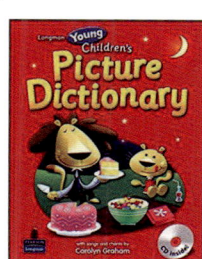

[클래식 명작 동화]

'누구나 알만한' 명작동화들은 초등 연령의 아이들이 한 번은 꼭 읽어두어야 하는 아동문학(folktales and fairytales)입니다. [신들의 전쟁], [샌드맨] 등으로 유명한 닐 게이먼 (Neil Gaiman)은 "동화(Fairytales)는 사실보다 더 중요한 것을 우리에게 준다고 말했습니다.

> Fairy tales are more than true: Not because they tell us that dragons exist,
> but because they tell us that dragons can be beaten."
> Neil Gaiman

> Fairy tales speaks to the very heart and soul of the child.
> Jim Trelease

클래식 명작동화들은 우리를 단순히 현실로부터 도피시키는 도구가 아니라, "아이들의 마음과 영혼에 말하는 책"입니다. 이들은 "차갑고 냉혹한 세상에 아이들을 기다리며, 그곳에 위험이 도사리지만 용기와 지혜를 가지고 나아갈 것과 반드시 잘 해결될 것임을 약속해주고 있는 것입니다."* 명작 동화들은 삶에 대한 주인의식을 갖게 해주고, 도전과 용기, 문제해결에 향한 신뢰, 그리고 창조적인 아이디어를 제공해줍니다.

교육적, 문학적 가치가 높아 전 세계 아이들이 공유하고 있는 [신데렐라]나 [백설공주]와 같은 공주 시리즈들, [개미와 베짱이], [서울쥐와 시골쥐] 같은 동화들은 반드시 영어로도 읽을 수 있게 해줍니다. 많은 지식 콘텐츠를 공유하고 이를 중심으로 소통하고 있는 21세기입니다. 이 시대, 전 세계인의 스토리가 된 클래식 명작 동화들을 영어로 읽는 것은 세상과 소통할 자리를 만들어 가는 일이 될 것입니다.

---

*Trelease, Jim. *The Read-Aloud Handbook*. New York: Penguin Books. 2001. pp.73-75

클래식 명작을 고를 때는 내용이 지나치게 많고 너무 어려운 것보다는, 읽기 연습을 하기에 적절한 분량의 국내 출판물이 대안일 수 있습니다. 큰 부담을 주지 않는 이런 클래식 명작들을 읽는 동안 아이들은 익숙한 스토리에 의존하여 읽기 실력이 향상될 기회를 얻고, 스토리 속 주인공의 이름, 즉 Cinderella, Mermaid, The Naked King, Snow White, The Country Mouse and the City Mouse와 같은 이름들을 익히게 되며, 명작 동화가 주는 전형적인 표현들, 즉 "Once upon a time...", "In a faraway land..." 또는 "They lived happily ever after."과 같은 용어들도 배워봅니다.

영어명작동화(이현주/한정림-삼성출판사)

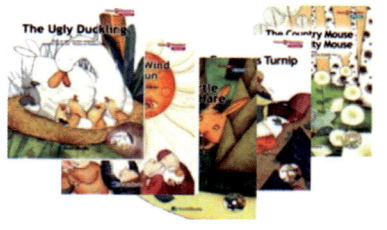

위웨이 명작동화+워크북/12세트
(이현주-조앤영어)

[처음 만나는 챕터북]

유년기의 아이들 특히 유치원에서 초등학생으로 넘어가는 시기는 아이들이 서서히 그림책(그림 중심)에서 챕터북(글 중심)으로 넘어가기 시작하는 시기입니다. 챕터북이란 그림 중심이 아닌 글 중심의 책이며 적어도 5챕터 이상의 챕터로 구성되어 있습니다. 그림책 단계에서 챕터북 단계로 간다는 것은 아이가 스스로(본격적으로) 글을 읽기 시작하였다는 것을 의미합니다.

아이가 챕터북 단계로 넘어오기 시작한다면 이제부터 이들의 읽기 속도가 더 빨라지고 효과적인 독서활동이 일어나도록 적절한 지원과 훈련이 필요합니다.

그림책을 읽던 아이가 챕터북 단계로 잘 성장할 수 있도록 해주려면 우선

① 그림책만큼이나 짧고 재미있는 챕터북으로 시작합니다.
② 그림책을 읽듯이 처음 몇 권은 아이와 함께 읽습니다.
③ 오디오 등을 통해 듣는 시간을 충분히 주고 소리 내어 읽게 합니다.
④ 아이가 읽는 것을 영상으로 찍거나 재미있게 들어주어 읽기에 자신감을 갖게 해줍니다.
⑤ 처음 만나는 챕터북에 실망하지 않도록 "좋은 챕터북"을 잘 골라 읽게 해줍니다.
⑥ 아이가 눈으로 읽는 것이 더 빨라질만큼 글을 빨리 읽게 되면 소리내어 읽는 일을 서서히 종료합니다.

Walker Starters

세상이 온통 분홍색이기를 바라는 왕, 퍼시(Percy the Pink), 가발이 부끄러운 아저씨와 틀니가 부끄러운 아줌마의 따뜻한 사랑 이야기(Big Wig), 어설프기 짝이 없는 해적이자 강도인 홀 이야기(Hal the Pirate) 등은 그림책 단계에 있는 아이들을 챕터북 단계로 이끌어내기에 충분할만큼 재미있습니다.

Flat Stanley

종이처럼 납작해진 소년 스탠리 스토리는 쉽고 짧은 문장으로 되어 있어 읽기 쉬우며, 엉뚱하고 희한한 일들이 끝없이 펼쳐져 호기심 많은 아이들에게 큰 웃음을 선사해줄 것입니다.

 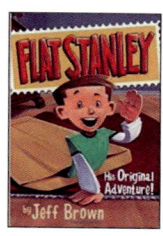  

Amelia Bedelia

집안일을 돌봐주는 아멜리아는 아기를 돌보는 것도, 집안일을 하는 것도 이상합니다. 아멜리아가 보여주는 우스꽝스러운 일들을 읽는 동안 아이들은 하루종일 낄낄거리는 주말을 보내게 될 것입니다.

   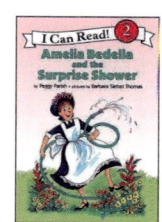

Frog and Toad

개구리와 두꺼비의 따뜻하고 아름다운 우정 이야기는 아이들 마음에 잔잔한 감동을 전해줄 것입니다.

   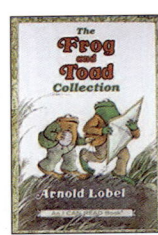

Nate the Great

특이한 탐정가 소년인 네이트 주변엔 수상한 일이 많이 일어납니다. 네이트를 따라 그 정체가 무엇인지 살피다 보면 아이들은 어느새 스토리 속 탐정가가 되어 많은 사건에 빠져들게 될 것입니다.

   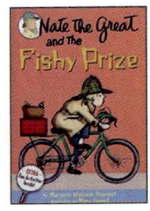

Junie B. Jones

뉴욕타임즈가 선정한 최고의 챕터북에 선정되기도 했던 주니키 존스, 학교생활이 시작되면서 생각지 못한 일들이 벌어지고 그 가운데 좌충우돌 하고 있는 주니 비 존스의 이야기는 미국의 학교생활이 어떤 것인지 경험하게 해주고 책 속에서 재미있고 엉뚱한 친구를 만나게 될 것입니다.

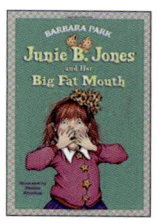  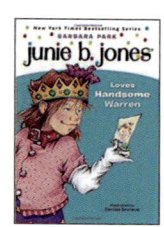  

Stink & Judy Moody

누나와 남동생이 함께하는 집엔 조용할 날이 없습니다. Joody Moody와 그의 동생 Stink Moody가 펼치는 이야기는 아이들이 경험하는 그들의 일상이 어떤 것인지 보게 해줍니다.

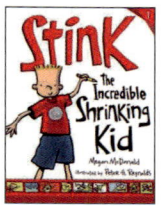 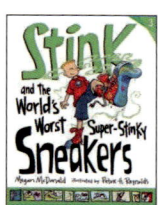 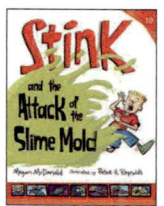 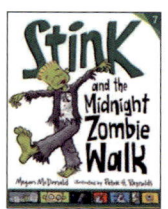

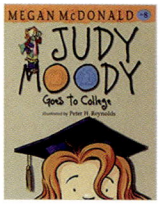 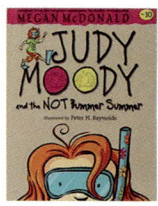 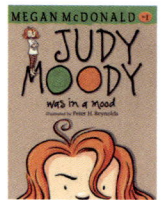  

My Weird School

My Weird School은 수상한 선생님들로 가득한 학교 이야기입니다. 이곳에서 만나는 엉뚱하고 이상한 선생님들 덕분에 아이들의 학교 생활은 지루할 틈이 없습니다.

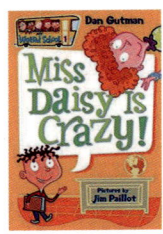 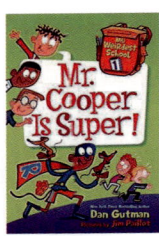 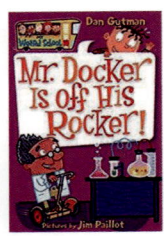 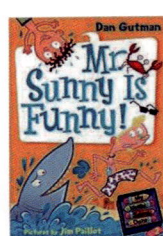

❖ 추천 도서 외에도 goodreads.com이나 기타 검색창을 활용하여 교사나 부모가 추천하는 챕터북(best chapter books)을 참조하도록 합니다. 또한 대형 영어 도서에 전시된 책들은 대부분 현지에서 가장 인기가 높은 책들이 꽂혀 있으므로 대형 서점에 있는 아이템들을 적극 활용하도록 합니다. 좋은 책을 잘 골라주어야 합니다. "지식과 정서적 필요를 채워주는 좋은 책이 아이를 독서의 세계로 이끌어줍니다."* 또 다른 책으로의 여행이 계속될 수 있도록 '좋은 책과의 만남'을 잘 주선할 수 있어야겠습니다.

> 사람들은 책 한 권이 사람의 인생을 통째로
> 바꿔놓을 수 있다는 걸 모르고 있다.
> **People don't realize how a man's whole life can be changed by one book.**
> Malcolm X

*Campbell, Robin. *Read-Alouds with Young Children*. Newark: International Reading Association. 2003. p.38

그림책과 영어독서지도
chapter 3

책 읽어주기
Read-Aloud

One of the greatest gifts adults can give to their offspring and to their society is to read to children. *Carl Sagan*

왜 '책 읽어주기'인가?

아이들에게 책을 읽어주는 일은 위대한 일입니다. 책은 우리가 감당해야 할 많은 교육 과제를 한자리에서 아우를 수 있게 해주기 때문입니다. 세월이 어수선한 때에도 아이들을 보듬고 이야기로 내일을 꿈꾸게 한 '위대한 어머니'가 있어 오늘이 있습니다. 하지만 지식과 정보, 휴식과 안정, 정체성, 지혜와 용기 등 모든 것을 한자리에서 아우르는 통전적이고 유기적이어야할 육아의 장은 사라지고 '전문화'란 이름 아래 세분된 기능 중심의 교육이 활성화되고, 아이들은 '전문가'의 손에만 맡기려는 무기력한 부모들을 보는 것이 안타깝습니다.

스스로 책을 읽을 수 없는 아이에게 책을 읽어준다는 것은 육아란 이름의 거의 모든 것이라 해도 과언이 아닐 수 있습니다. 책 읽어주기가 무엇이며 무슨 일을 할 수 있는 것인지 정리하면 다음과 같습니다.

1. 책 읽어주기는 아이들에게 정서적 안정과 휴식을 가져다 줍니다. 조용하고 아늑한 공간에 자신에게만 집중해주는, 그리고 자신에게 이야기를 들려주는 부모를 통해 아이들은 안정과 휴식을 얻습니다. 아프리카엔 "배고픈 사람은 귀가 없다"는 말이 있습니다. 책 읽어주기를 통해 안정과 휴식을 얻은 아이는 세상을 향한 열린 마음, 즉 배움을 향한 열정과 자신감을 갖게 될 것입니다.

2. 책은 정리된 지식과 정보를 줍니다.
그림책은 아이들을 지식과 정보의 세계로 이끌어줍니다. 글보다 그림이 전부인 것 같은 그림책은 어른들의 눈엔 단순한 워드북(Word Books)으로 보이지만 동물과 식물, 자연과 우주, 사물과 일상에 관한 지식, 잘 정리된(Well-Organized) 지식과 정보를 제공해줍니다.

3. 책 읽어주기는 아이들의 두뇌 발달에 큰 도움을 줍니다. 정보 습득에만 급급한 21세기 교육 환경으론 변화를 끌어낼 지식인을 양성하는 일이 어렵습니다. 하지만 책은 포스터나 그림카드와는 달리 중심 아이디어(Main Idea)와 세부 정보(Details)를 주고, 이 정보들을 아울러주며(Integrating) 그에 따른 의미를 부여(Meaning Making)해줌으로써 단순한 단어와 문장이 아닌 통전적이고 유기적인 두뇌 활동을 자극해줍니다.

4. 책은 최상의 언어를 만나게 해줍니다. 글은 말과 달라서 우리에게 가장 잘 정리된 언어를 만나게 해줍니다. 또래 그룹이나 가정에서 만나는 언어도 중요하지만 책을 읽어가는 동안 아이들은 상황에 맞는 가장 적절한 언어, 그리고 가장 잘 다듬어진 언어를 경험하게 될 것입니다.

5. 책은 문제 해결과 정보 처리 능력을 갖게 해줍니다. 독서의 본질을 문제 해결 과정을 보게 하는 것입니다. 하나의 문제를 제기함으로 시작하여 일정한 해결과 결말에 이르게 하는 책은 아이들에게 문제해결, 정보처리, 창조적 활용 능력을, 즉 독서형 두뇌(Reading Brain)를 갖게 해줄 것입니다.

6. 집중력과 자기주도적인 학습 태도를 갖게 해줍니다.* 책은 영상물과 달라서 우리의 다양한 참여를 요구합니다. 소리내어 읽고, 속도를 조절하며, 멈추거나 앞뒤로 다시 살필 수도 있고, 생각할 시간을 주며, 책 장을 자유롭게 넘기게 해줍니다. 따라서 책 읽어주기는 아이들에게 집중력을 갖게 해주고, 배움의 주체가 되게 하며, 자기주도적인 학습태도를 갖게 해준다는 점에서 가장 좋은 학습 훈련의 장이 되어줄 것입니다.

---

*Polette, Keith. *Read & Write It Out Loud!* Boston: Pearson Education. 2005. pp.3-6

7. 책 읽어주기는 읽기뿐 아니라 쓰기 실력을 향상시켜줍니다. 다른 사람의 완성도 높은 글을 읽다 보면 아이들은 글쓰기에 대한 감각, 즉 글은 어떻게 시작하고, 전하고자 하는 내용은 어떻게 전달하며, 어떻게 마무리하는지, 그리고 작가가 사용하는 표현의 기술엔 어떤 것들이 있는지 배우게 해줄 것입니다.*

영어 독서 환경

책을 읽어주기에 앞서 먼저 생각해봐야 할 일은 '책과 함께하는 독서환경'을 잘 만들어주는 일입니다. 책을 가까이하고 책 읽기를 좋아하게 할 독서환경이란 어떤 것인지 정리해보면 다음과 같습니다.

1. (영어)책이 풍성한 집을 만들어줍니다. 책은 눈에 잘 띄는 곳에 잡지처럼 눕혀 놓거나 바구니 등에 담아 예쁘게 담아놓습니다. 책과 관련된 캐릭터 인형을 사주어 책과 함께 놓아주고, 언제나 책을 장난감처럼 가까이할, 책을 읽고 싶은 아늑하고 편안한 환경을 마련해줍니다.

2. 책은 상을 받았거나 잘 알려진 도서, 그리고 아이가 아주 좋아할 만한 책부터 시작하고, 아이가 점차 책을 좋아하기 시작하면 전문가와 경험자들이 추천하는 책으로 확장하여 균형 있는 독서가 이루어지게 해줍니다.

3. 책 읽는 시간은 목표를 달성할 학습 시간이 아니라, 하루의 피로를 풀고 쉼을 얻는 휴식 시간이 되게 합니다. 책 읽는 시간은 아이들의 뇌파가 안정되는 잠들기 전 15~20분이 좋으며 이 시간 만큼은 아이에게만 집중하고, 그 시간을 소중히 여기게 해줍니다.

---

*Fisher, Bobbi and Emily. *For Reading Out Loud*. Portsmouth: Heinemann. 2003. p.4-5

4. 책을 읽고 나면 가끔씩 주제와 관련된 '우리의 이야기'를 나눠봅니다. 평소엔 나누지 못하던 부모의 어린시절 이야기나, 생활 속에서 느끼는 여러 가지 느낌과 생각을 나누도록 합니다.

5. 책은 부모가 읽어주고 싶은 책과 함께 아이가 읽고 싶은 책은 고르게 하며, 한 가지 책을 여러 번 읽어달라고 요구할 때에는 몇 십 번이라도 반복하여 읽어주도록 합니다. 거듭되는 반복 읽기는 아이가 책을 좋아하게 되는 확실한 계기가 되고, 영어가 좋아지는 확실한 계기가 되어줄 것입니다.

6. 아이가 책 읽는 흉내를 내거나 스토리텔링을 하거든 부모는 아이의 열성 팬이 되어 적극 경청해주고 많이 칭찬해주도록 합니다. 읽기 흉내를 많이 내는 아이가 결국 가장 먼저 글을 읽는 아이가 될 것입니다. Pretending-to-read readers are potential readers.

7. 도서관이나 온라인 정보를 활용하여 아이들이 읽은 책과 관련된 더 많은 책을 만나게 해주고 동물원과 농장, 공공 장소와 자연 등 현장 체험을 통해 책에서 만난 지식과 정보들이 확장될 수 있게 해줍니다.

책 읽어주기는 영어를 가까이하는 아이를 만들어주기 위한 최상의 환경을 만들어주는 일입니다. 책 읽어주기를 통해 아이들이 지구촌의 유산과 같은 스토리들을 만나게 해주고, 영어와도 친근해져 글로벌 지식인으로 성장할 최고의 기회를 얻게 해주는 부모가 되기를 응원합니다.

책 읽어주기 팁

읽어주기 전

1. 주변 환경 정리

우선 책을 읽을 수 있도록 주변 환경을 잘 정리하고, 아이들이 읽고 싶은 책을 고르게 하고 부모가 읽어줄 책도 따로 준비합니다. 아이가 둘 이상인 경우 아이의 연령과 관심사가 다르므로 모두에게 자신이 원하는 책을 고를 기회를 줍니다.

2. 미리 살피기

책을 읽어줄 땐 먼저 책 제목을 읽어주고 제목과 표지에 대해 [누구-어디-무엇]의 순서로 잘 살펴보게 합니다. 때로는 면지와 속표지에도 작가들은 스토리를 위한 단서를 넣어두므로 이들의 상관 관계를 잘 살펴 스토리 내용이 무엇일지 예측하게 합니다.

3. 개인의 경험 끌어오기

제목이나 표지 그림을 보고 잠시 아이들의 경험과 연계하여 생각하게 합니다. 예를 들어 Dear Zoo를 읽어주기 전 아이들도 동물원에 가 보았는지 묻습니다. The Very Busy Spider의 경우 거미를 본 적이 있는지, 어디서 보았는지 등을 물어봅니다. 이런 질문을 통해 아이들은 읽을 책에 대한 주제를 파악하게 되고 어떤 이야기인지에 대한 더 많은 호기심을 갖게 될 것입니다.

읽어주기

1. 책 제목과 저자, 그림 작가 등을 정식으로 다시 읽어주고 책 장을 넘긴 뒤 속표지를 통해 책 제목을 한번 더 읽어줍니다.

2. 글 읽기를 시작할 때는 마치 멋진 영화가 시작되는 것처럼 첫 문장에 감정을 실어 드라마틱 하게 읽습니다.

3. 중요한 단어(Content Words)나 라임을 이루는 단어들(예:mouse-house 등)은 더 천천히 읽어줍니다.

4. 한 손으로는 책을 잡고 다른 한 손으론 스토리를 구현해줍니다. 사자나 달리는 말, 작은 햄스터의 몸짓 등을 표현해주고, 수시로 관련된 글자와 그림을 짚어주어 스토리 이해를 도와주고 또 철자들과도 친숙해지게 합니다.

5. 책 장을 넘기기 전에 잠시 멈춤으로 아이가 지금까지의 내용을 파악하고, 다음에 벌어질 일을 예측할 시간을 줍니다.

6. 영어와 한국어, 어떤 언어로 읽어줄 것인가를 고민하지 말고, 자연스럽게 양쪽 언어를 사용해가며 스토리를 즐기는 일에만 집중합니다. 먼저 스토리가 좋아지면 아이들은 그 책을 또다시 찾게 되고 이어지는 반복읽기를 통해 자연스럽게 영어로 읽을 기회를 얻기 때문입니다.

7. 책 읽어주는 동안에는 스토리에만 집중하고 영어 공부는 하지 않도록 합니다. 목표를 달성하듯 부담을 주면서 읽어주지 말고 여유와 휴식의 시간으로, 편안한 마음으로 책을 즐기게 합니다.

8. 너무 길고 어려운 책은 일일이 다 읽지 말고 아이가 감당할 수 있는 분량으로 과감하게 요약하여 책을 즐길 수 있게 하는 일에만 초점을 맞춥니다.

9. 글을 읽는 중간에 아이가 앞이나 뒤로 책장을 넘긴다거나 엉뚱한 곳에 관심을 두어도 아이가 읽기를 주도하도록 하고 책에 대한 주인의식을 갖게 해줍니다.

10. 마지막 문장은 느낌을 살려 잘 읽어주어 스토리에 대한 여운과 감동이 남도록 해줍니다.

읽어주기 후

1. 아이의 반응 듣기

책을 읽어주고 나면 무엇보다 아이의 반응을 먼저 살펴보고 아이의 생각을 들어보도록 합니다. 이어서 또 다른 책을 읽기 원하는 경우 아이의 의견을 따르되, 어떤 것이든 책에 대한 아이의 생각을 표현할 기회를 주도록 합니다.

2. 가르치려 하지 말기

책 읽는 시간은 공부시간이 아니라 위로와 휴식의 시간입니다. 책은 아이의 마음에 때론 공감과 위로를 주며, 스트레스를 해소하는 창구가 되어주고 또 성장하게 하는 능력을 가지고 있습니다. 책은 스스로 가르치는 힘을 가지고 있습니다. 그러므로 읽고 나서는 일일이 가르치려 하지 말고 아이가 책을 통해 스스로 지식과 정보를 얻고, 힘을 얻으며 성장할 수 있도록 아이가 생각하고 표현할 기회를 주며, 기다리고 한 발 물러서 있는 자세를 취하도록 합니다.

3. 주제와 관련하여 대화 나누기

책은 자연스럽게 서로의 마음을 열어줍니다. 여유가 조금 있는 경우, 부모는 책과 관련된 자신의 경험이나 생각을 들려주고 아이의 생각도 들어줍니다. 책과 함께하는 나눔의 시간이 아이에게 주는 것이 무엇인지는 다 헤아릴 수 없을 것입니다.

〈독후 활동이 가능한 경우〉

1. '아이에게 즐거움을 준 동화'들이 영어를 배우는 학습서로 전락하지 않도록--특별히 명품 도서의 경우- 지나친 언어 활동은 삼가하고 스토리와 관련된 만들기나 탐구활동 등을 통해 스토리를 더 즐길 수 있게 해줍니다.

2. 스토리와 연관된 책을 찾거나 도서관 등을 방문하여 같은 주제를 다루는 책을 읽어보고 사전 등을 통해 더 많은 정보를 탐구하는 습관을 갖게 해줍니다.

3. 그림책은 온라인을 통해 작가나 전문가들이 준비한 독후활동 자료가 많습니다. 예를 들어 The Very Hungry Caterpillar를 읽은 경우라면, 애벌레를 만들어보거나 그리게 하고 아이가 완성한 작품을 잘 전시해줍니다.

4. 스토리와 관련된 장소, 즉 동물원이나 우체국, 농장과 숲, 수족관이나 시장 등을 탐방하여 스토리와 현장을 이어보는 탐구활동을 하게 해줍니다.

5. 아이가 읽은 도서 목록을 수첩이나 벽보에 기록해주어 성취감과 보람을 느끼게 해줍니다.

[스토리별 샘플 1]

Brown Bear, Brown Bear, What Do You See?

❖유아들이 처음 만나는 가장 쉬운 패턴북입니다. 간단한 책이어도 주제가 있고 반복되는 문장 전체를 아우르는 마지막, 즉 아이들이 이 모든 동물을 보고 있었다는 걸 알게 해주고, 무엇인가를 열심히 보고 있는 곰의 눈을 따라가며 다음페이지를 열도록 합니다.

책 읽기 전 (미리 살펴보기)

1. 책 제목을 손가락으로 가리키며 읽어준다.
2. 먼저 표지 앞면을 보고 누구인지, 무엇을 하고 있는지 물어본다.
3. 표지의 뒷면에는 무엇이 있는지 (곰의 뒷모습) 함께 보고, 뒷모습에서도 어딘가를 보고 있는 곰을 확인한 뒤, 곰이 도대체 무엇을 보고 있을지 생각해보게 한다.
4. 책 안의 오리나 말 등 몇 개의 페이지를 열어 동물들을 좀 더 보게 하고 또 이들이 모두 어딘가를 보고 있다는 것을 인지하게 한 뒤 누가 나오는지, 또 다들 어디를 그렇게 보고 있는지 알아보기로 한다.

책 읽어주기

1. 책 제목과 저자 이름을 정식으로 읽어준다.
2. 첫 문장은 특별히 힘을 주어 드라마틱하게 읽어준다.
3. 'brown bear', 'red bird'와 같은 키워드들은 더 천천히 힘을 주어 읽는다.
4. 다음 장면으로 가기 전 기대심을 갖도록 힌트를 주고 넘긴다.
5. 어린이들이 등장하는 마지막 장면에선 아이와 함께 등장 동물 이름들을 불러본다.

책을 읽고 나서

1. 책에 대한 아이의 반응을 들어봅니다.
2. 각각의 동물을 이름과 색을 물어봅니다.
3. 검색창(온라인 검색창에 Brown Bear Activities 검색)에서 스토리그림을 다운받아 막대 인형을 만들어 인형놀이를 해봅니다.

[스토리별 샘플 2]

Dear Zoo

❖가장 쉬우면서 스토리로서의 구성력을 가진 스토리북입니다. 애완 동물을 받고 싶었지만 집에서 키울 수 없는 동물들만 등장. 결국엔 강아지를 받아 문제가 해결되는 것으로 마무리하는 동화입니다. 동물의 이름과 특징을 배울 수 있고, 문제-해결의 형태를 가진 스토리북이란 점. 단어와 동물의 특징을 인지하는 것도 좋지만 문제-해결 과정을 볼 수 있게 하면서 읽어줍니다.

책 읽기 전 (미리 살펴보기)

1. 오늘의 책 제목을 읽어주고 표지를 살피게 해줍니다.
①누가 보이는지(사자), ②사자가 어디(상자 안) 들어있는지 물어보고 상자에 붙은 메모는 무엇인지 설명해줍니다.

2. 표지 살피기
"제목을 보니까 [동물원에게] 라는 편지를 보냈고 동물원에서는 [동물원에서] 라는 답장과 함께 빨간 상자가 온 건데 도대체 무슨 편지를 보냈길래 이런 상자가 왔을까? 그리고 정말 사자가 맞는지 한 번 읽어볼까?"

책 읽어주기

1. 책 제목과 작가 이름을 정식으로 다시 읽어줍니다.
2. 'I wrote to the zoo to~'에선 편지를 손으로 쓰는 흉내를 냅니다.
3. 'pet'이라고 말하는 부분에서 애완 동물을 꼭 안는 흉내를 냅니다.
4. 접힌 곳에 들어있는 동물을 먼저 보고 깜짝 놀라는 표정으로 "진짜 굉장한 것이 왔어~" 하면서 궁금해하게 합니다.

5. "It's too fierce!" 등 동물의 특징을 말해주는 대목이 나올 때마다 "(이런데) 집에서 키울 수 있을까?" 하고 물어봅니다. 아이들이 "아니오." 라고 말하면 왜 안 되는지 말하게 한 뒤 돌려보내자고 말합니다.

6. grumpy, scary, naughty 등 중요 단어들은 더 천천히 강조하면서 읽어줍니다.

책을 읽고 나서

1. 책에 대한 아이의 반응을 들어봅니다.

2. 동물들이 왜 자꾸 돌려보내졌는지 물어봅니다.

3. 집에서 키울 만한 동물은 무엇인지 물어봅니다.

4. 스토리활동 (Words and Comprehension)

스토리에 나오는 동물 이름과 스토리의 줄거리를 다시 정리하는 놀이를 한꺼번에 해줍니다. 책이나 검색 창에서 "Dear Zoo Activities"를 검색하여 스토리에 등장하는 동물들과 이들이 담겨온 상자가 그려진 유인물을 인쇄합니다. 아이와 동물을 상자에 넣었다 꺼내면서 스토리텔링을 함께 해봅니다.

5. 언어활동(소리와 문자)

바닥에 장난감이나 알파벳 카드를 늘어놓습니다. 스토리 속 동물이름의 첫소리를 듣게 하고 첫소리가 똑같은 장난감 또는 알파벳을 찾아보게 합니다.

예: dog-deer, cat-camel, snake-snail, bird-bear

6. 학습연계 (Making Connection)

동물원과 관련된 또 다른 동화를 찾아 읽어주거나 야생/애완 동물 그림카드 10장 정도를 준비하여 다음과 같은 동물 차트를 만들어 붙여보게 합니다. (다음 페이지 표 참조)

Where Do They Belong?

Wild Animals	Pets
🦁	🐶

[스토리별 샘플 3]

We're Going on a Bear Hunt

❖We're Going on a Bear Hunt는 곰 사냥을 나서는 가족의 이야기입니다. 큰 곰을 잡아보겠노라고, 하나도 무섭지 않다고 노래하며 행진하는 가족들. 이들은 강과 폭풍우 같은 난관들을 만나지만 힘을 모아 위기를 헤쳐나갑니다. 반복되는 문장이 많아 따라 읽기가 쉬우며 어려움을 헤치고 나가는 가족의 하나된 모습이 있고, 의성어가 함께 있어 스토리의 즐거움을 더해줍니다.

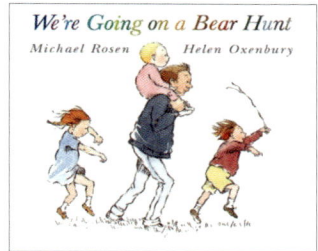

책 읽기 전 (미리 살펴보기)
오늘의 책 제목을 읽어주고 표지를 펼쳐 앞뒤를 살피게 해줍니다. ① 누가 보이는지(가족), ② 이들이 무엇을 하고 있는지 말해보게 합니다. (조금 큰 아이들은 사냥하러 가는 사람들의 모습이 아니라고 말할 수 있습니다. 사냥보다는 큰 목표를 세우고 도전해보려는 가족의 모습에 초점을 두도록 합니다. "곰을 잡으러 간다면서 이런 옷 입고 깊은 숲 속에 들거갈 수 있을지 모르겠어요. 하지만 모두 신이 났네요. 곰을 잡을 수 있을지 한번 볼까요?"

책 읽어주기
1. 책 제목과 작가 이름을 손가락으로 짚어주면서 정식으로 읽어줍니다.
2. 흑백(난감한 상황에 대한 표현)으로 표현된 장면과 칼라로 표현된 장면은 대조가 잘 되게 읽어주도록 합니다.
3. grass, snow storm, forest와 같은 핵심어가 나올 땐 힘을 주어 더 천천히 읽어주도록 합니다.

책을 읽고 나서

1. 책에 대한 아이의 반응 들어봅니다.

2. 스토리에 등장한 식구들이 어디, 어디를 갔는지 물어봅니다.

3. 스토리에 등장한 식구들이 멋져 보이는지, 아이는 가족과 무엇을 하고 싶은지 물어봅니다.

4. 스토리 활동 (Comprehension and Words)

이 스토리는 후기 활동으로 활용할 그림자료가 많이 있으므로 구글 등의 검색창을 통해 "We are going on a bear hunt activities" (이미지 섹션)를 검색하여 관련 그림을 인쇄한 뒤 아이와 함께 스토리를 재현해보도록 합니다.

5. 언어 활동 (Beginning Sounds and Letters)

스토리에 등장하는 단어와 라임이 같은 단어들을 소개하고 라임 소리를 들어보게 합니다. 이 동화는 유아기 아이들이 많이 읽는 동화이니만큼 첫소리와 문자를 매칭하는 놀이를 해봅니다.

① 알파벳 카드를 준비하여 아이 앞에 펼쳐놓습니다.

② 스토리 속에 나오는 주요 단어를 말해주면 첫소리와 관련된 철자를 짚어보게 합니다.

(불러줄 단어: grass/river/mud/forest/snow storm/cave)

6. 학습연계 (Making Connection)

오른쪽과 같은 아이의 수준에 맞는 미로 퍼즐(검색창에서 maze generator 검색)을 준비하여 스토리에 나왔던 주요 장소를 그려 넣고 동굴로 가는 길을 찾아가게 합니다.

BEAR-HUNT MAZE

[스토리별 샘플 4]

The Gruffalo

❖ 작은 몸으로 자신을 잡아먹으려는 동물들을 따돌리는 용감한 쥐의 이야기를 다룬 그루팔로. 생생한 동물들의 등장과 드라마틱한 문장들, 그리고 스토리 내내 읽는 재미를 주는 라임 단어들은 스토리를 읽는 재미에 빠지게 해줍니다.

예) Where are you going to little brown mouse? Come and have lunch in my logpile house. Here by these rocks. And his favorite food is roasted fox.

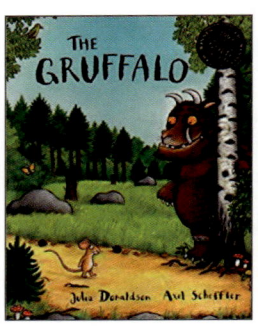

책 읽기 전 (미리 살펴보기)

표지 (배경지식)

오늘의 책 제목을 읽어주고 표지를 펼쳐 앞뒤를 살피게 해줍니다. ① 누가 보이는지, 아는 동물들인지 ② 이들이 무엇을 하고 있는지 말해보게 합니다. 책 제목이 이 동물의 이름 같은데 그러팔로란 동물 본 적 있나요? 쥐랑 이 동물은 무엇을 하고 있는 것 같나요? 숲 속에서 아주 무서운 큰 동물을 만난다면 어떻게 할래요?

책 읽어주기

1. 쥐가 괴물을 설명하는 과정에 등장하는 문장들을 읽을 때에는 한 손으로 상황을 잘 연출해주면서 읽습니다.
2. 책을 좀 들여다 보게 합니다. 쥐가 여우랑 마주하고 있는데 무슨 이야기를 하고 있는 것 같은지 물어봅니다.
3. 괴물에 대한 설명을 듣고 나서 여우는 왜 갑자가 도망을 가는 것인지 말해보게 합니다. 4. 부엉이와 뱀에 대해서도 같은 질문을 합니다.

5. 평화가 찾아 온 마지막 문장은 아주 천천히 조용히 읽어주어 스토리의 여운을 남겨줍니다.

책을 읽고 나서

1. 쥐와 그루팔로에 대한 아이의 개인적인 생각을 듣습니다.
2. 쥐처럼 용감한 적이 있는지 물어봅니다.
3. 스토리 활동 (Words & Comprehension)
Gruffalo는 검색창에 독후활동을 위한 많은 그림이 올라와 있으므로 스토리에 등장하는 동물의 사진을 인쇄한 뒤 아이와 함께 스토리텔링을 해보게 합니다.
4. 언어 활동 (Rhyming Words)
이 스토리는 대부분 라임을 이루는 문장들로 되어 있어 스토리 속 라임을 찾아보게 합니다. 아래 단어들을 종이에 적어 카드로 오린 뒤 라임(black-back 처럼 모음으로 시작되는 나머지 소리가 같은)을 이루는 단어를 집어보게 합니다.

5. 학습연계(Science Connection)

스토리로부터 벗어나 식물성/동물성/잡식성 동물에 대한 조사를 하고 관련된 동물을 그려 보고 또 이름을 적어보게 합니다.

Herbivore	Carnivore	Omnivore

조기 이중언어에 관하여

너무 일찍 영어를 시작하면 아이가 힘들어하지 않을지 혹은 혼란스러워하지 않을지 많은 사람들이 우려합니다. 이중 언어 환경이 모든 사람에게 100% 똑같은 결과를 가져다주는 것은 아닙니다. 조기 이중언어 문제에 관한 연구는 미국과 캐나다, 호주와 남미 등 이민으로, 식민지 시대의 영향으로 이중언어 환경에서 살아가는 나라 가운데 활발히 이루어지고 있습니다.

사실상 이중언어란 지배와 정복이 반복되는 인류 역사 가운데 아주 오래 전부터 함께해 왔으며, 이들은 모두 이런 언어 환경 속에서 이중언어를 배우고, 소통하며, 나라를 살리기도 하고, 역사를 만들기도 하며 살아왔습니다. (예: 바벨론, 페르시아, 로마, 이집트, 중국, 아프리카, 남미 등)

세계를 다니다 보면 미국과 캐나다, 호주와 같이 이민이 활성화된 나라 뿐 아니라, 유럽(교육 정책상 3~5개 언어를 하는 사람이 많은), 아프리카, 남아메리카, 중국, 동남 아시아의 많은 나라는 대부분 그들의 고유 언어와 또 다른 언어(영어, 스페인어, 불어, 중국어 등)를 사용하고 있는 걸 볼 수 있습니다. 모국어 한 가지만 사용하는 나라는 오히려 그리 많지 않다는 것입니다.

나폴레옹을 비롯하여 엘리자베스 여왕, 이스라엘의 모세와 같은 영웅들, 그리고 21세기를 움직이는 인물들 중에는 이중 언어가 거의 완벽한 인물들이 많습니다. 미국이 조사한 바에 의하면 미국의 수능시험인 SAT에서 좋은 성적을 낸 상위 15%의 학생들을 조사한 결과 이들 중 이중언어 환경에서 자란 아이들이 압도적으로 많았다는 사실을 발표한 바 있습니다.* 전문가들에 의하면 이중언어를 구사하는 아이들은 발달 초기엔 발화가 늦지만 한 가지 언어를 하는 아이들에 비해 사고가 유연하고, 생각이 열려 있으며, 포괄적이고 통합적인 사고 활동이 활발하다고 말합니다.*

---

* Positive Learning, *The Scores Speak for Themselves: Bilingualism is Beneficial*, Ellen Bialystok, Michelle Martin-Rhee, Albert Costa, June 14, 2017
* Garcia, Ofelia. *Bilingual Education in the 21st Century*. Singapore: John Wiley & Sons, Inc. 2009. pp.5-18

학령기 이전의 이중언어에 관해서는 더욱 더 많은 연구와 검토가 필요하겠지만, 지구촌이 하나로 움직이고 있는 21세기에 영어교육을 뒤로 미루어 두는 것이 대안일는지는 신중히 생각할 일이며 그렇다면 그 많은 나라의 가정에서 어려서부터 이중언어로 자라는 아이들은 어떻게 자라고 있는지도 생각해보아야 할 일입니다. 조기 이중언어에 대한 연구는 우리나라가 아닌 미국이나 캐나다, 호주나 유럽에서 더 활발하고 책으로 출판된 많은 학술서는 조기 이중언어가 주는 유익이 더 많음을 강조하기 때문입니다.

언어란 어릴수록 훨씬 더 접근이 용이하며 한 개의 언어가 너무 편해지고 나면 새로운 언어는 그만큼 불편하고 부담스러운 것이어서 오히려 한 쪽 언어가 너무 굳어지기 전에 자연스럽게 노출시켜주는 것이 좋습니다.* 노래라도 흥얼거리고 그림책이라도 만지작거리다 보면 최소한 낯설어서 거부하는 일은 없을 것입니다.

우리의 환경에서 이상적인 조기 이중언어를 어떻게 해결해야 할지 고민한다면

1. 아이들의 한국말이 늦어질까 봐 조급해하는 마음을 내려놓습니다. 특별한 문제가 없는 한 발화가 늦는 이유는 제2, 제3의 정보들을 입력하고 처리하느라 두뇌가 바빠진 것이 원인인 경우가 대부분이기 때문입니다. 피아노와 드럼을 같이 배운다면 한 가지만 배우는 아이보다 성과는 늦어질 수 밖에 없습니다. 하지만 이 둘을 같이 배우는 것이 잘못된 것이라고 말할 수만은 없는 것입니다. 발화의 시점은 분명 늦어지겠지만 이 둘을 함께 배우는 것이 어쩌면 더 엄청난 결과를 가져다 줄 수 있습니다.

---

*Learning Landscape, Vol. 7, No. 1, Autumn 2013, pp. 97~104

2. 이중언어를 모두 가르치려는 마음의 부담을 내려놓고, 노래나 그림책을 통해 두 개의 언어를 자연스럽게 노출시켜 주도록 합니다. 오른손을 사용하는 일들이 너무 익숙해지고 나면 왼손으로는 아무것도 하려하지 않듯이 한국말을 너무 잘할 때까지 영어를 들어보지도 못하게 하면 이 낯설기만 한 언어는 영원히 풀어야 할 숙제로만 남아있을 수 있기 때문입니다.

온라인 독서에 관하여

Z 세대라 불리는 요즈음 아이들은 신생아 때부터 스마트폰과 더불어 자라고 있습니다. 책보다 스마트폰이 더 익숙해져 있습니다. 온라인 콘텐츠들은 별도의 가격 부담이나 보관상의 어려움이 없고, 접근하기도 편리하며, 신속하고, 사람들의 시선을 사로잡기 때문에 사람들은 더더욱 온라인 정보망을 선택할 것이고 아이들에게도 스마트폰으로 육아와 관련된 많은 부담을 해결하려 합니다.

온라인 독서와 온라인 교육 환경이 더 좋을지, 온라인 콘텐츠들의 교육적 가치가 어떨지 논하기에 앞서 아이들이 사이버 세상에 너무 오래 있는 것이 염려됩니다. 오프라인이라고 말하는 진짜 세상에서 아이들은 비로소 현실 공감 능력을 갖게 되고, 진정한 자아의식과 공동체 의식을 가질 수 있기 때문입니다.

그러나 온라인, 즉 사이버 세상과의 접촉은 막을 수 없는 일이 되었습니다. 그러므로 우리는 온라인과 오프라인 사이 균형을 잘 찾아주고, 이 두 개의 세상을 효과적으로 넘나들 수 있도록 적절한 안내와 지원을 해줘야 합니다.

온라인을 오프라인과 잘 연계하려면

1. 먼저 책은 오프라인을 통해 직접 읽어주도록 하고 온라인을 통해 관련 도서나 추가적인 정보를 함께 찾아봅니다.

2. 클래식 영어 동요(Classic Nursery Rhymes)나 명화 등은 영상으로 감상하게 합니다. 아름다운 음악과 스토리가 함께하는 영상물은 책 못지 않은 교육적 가치가 있으며 진한 감동과 의미를 전해주기도 합니다.

3. 메이지(Maisy's Series), 호기심 많은 조지(Curious George)와 같은 캐릭터 에피소드는 책으로 먼저 읽고 온라인에서 제공하는 영상 스토리도 함께 만나게 해줍니다.

4. 알파벳과 파닉스 등 소리와 문자 교육에 도움을 주고자 할 때에는 알파벳이나 Sight Words 등의 영상을 찾아 즐기도록 골라줍니다.

5. 논픽션 리더 등 다독을 필요로 하는 콘텐츠들은 때로 구하기도 어렵고, 명서로 소장할 것도 아니기 때문에 가볍게 읽고 넘어갈 만한 책은 온라인을 통해 만날 수 있도록 합니다.

온라인 또는 영상물 추천 콘텐츠

1. 클래식 영어 동요(Classic Nursery Rhymes)
영어와의 첫 만남은 영미문학의 뿌리가 되는 클래식 동요로 시작하게 해줍니다. 검색창에서 Classic Nursery Rhymes를 치고 검색. 예: Twinkle, Twinkle, Little Star/Jack and Jill/Eency Weency Spider/Humpty Dumpty 등

2. 그림책과 함께 가는 캐릭터 동화(Character Episodes)
책으로 먼저 만난 캐릭터들을 영상으로 다시 만나게 되면 아이들의 세상도 넓어지고 책과도 더 친해지는 계기가 될 것입니다. 영상물을 제공하는 검색창에서 Maiy Series, Curious George 등을 치고 검색하도록 한다.

3. 어린이 명화, 에니메이션(Fairy Tale Movies)
애니메이션 명화들은 문학과 언어, 예술과 교육적 가치를 모두 담은 수퍼 콘텐츠입니다.
이들은 아이들에게 스토리에 대한 깊은 감동을 주고, 영어와도 아주 가까워지게 될 것입니다.
The Little Mermaid, The Lion King, Mulan, Pinochio, The Jungle Book, The Rescuers, Kung Fu Panda 등

4. 알파벳과 파닉스 송 영상물(Phonemic Awareness & Phonics Songs)
알파벳과 파닉스를 위해 만들어진 온라인 영상물이 많습니다. 아이가 선호하는 것을 찾아 활용하면 글을 읽고 쓰게 하는 데 효과적인 도구가 될 것입니다.

5. 단계별 논픽션 리더(Guided Nonfiction Readers)
E-Book으로 활용하기 좋은 것 중 하나는 논픽션 리더스입니다. 실물 사진을 보여주고 있어 정보 전달 효과가 뛰어나고 많은 정보를 손쉽게 보게 해줌.
Science Readers, Guided Readers, Sight Word Readers, Leveled Readers…
*추천: Learning A to Z에서 만든 Raz-Kids 온라인 리딩 (https://www.raz-kids.com)

"도서관이 없다면 우리가 가지고 있는 것이 무엇이란 말인가?
과거가 없다면 미래도 없는 것이다."
Ray Bradbury

2부

영어독서지도
Teaching Reading

일단 글을 읽을 수 있게 되면, 삶은 영원히 달라집니다.
Once you learn to read, you will be forever free. Frederick Douglass

영어독서지도란

"글을 읽게 되었다"라는 것은 개인의 삶에 큰 변화가 일어난 것이며 경이로운 일입니다. 왜냐하면 글을 읽게 되었다는 것은 세상을 읽을 수 있게 된 것을 의미하며 또 세상과 소통할 수 있는 또 다른 도구를 갖게 되었다는 것을 의미합니다. 눈에 보이는 영상물과 오디오를 통해서도 지식과 정보를 얻을 수 있지만 문자 언어는 말이나 영상물이 주는 것과는 다른 힘과 능력을 가지고 있습니다.

글로벌 시대를 사는 아이들에게 영어를 읽고 쓴다는 건 세상으로 나아갈 힘을 가졌음을 의미합니다. 영어를 읽고 쓰게 되는 시점부터 아이는 지구촌의 일원으로서 더 큰 공동체 안에서의 정체성을 갖게 되며, 세상을 읽어낼 큰 힘과 능력, 그리고 자신의 꿈을 향해 나아갈 더 큰 힘을 갖게 되고 또 큰 안목으로 문제들을 해결하고 내일을 만들어갈 시대의 사람으로 성장하게 됩니다.

영어를 읽고 쓰는 일은 빠를수록 좋을 것입니다. 21세기를 사는 글로벌 키즈라면 그림책을 벗어나 챕터북(글 중심의 책)으로 넘어가는 연령이 되기 전에 영어를 읽고 쓰는 단계로 성장해야 합니다. 왜냐하면 챕터북을 읽을 초등 학령기엔 많은 양의 독서가 필요하고 또 이를 통해 엄청난 속도의 지식과 언어 성장이 이루어지기 때문입니다.

그림책이 아직 좋을 연령에 아이가 스스로 글을 읽고 쓸 수 있게 된다면 이 아이는 '글로벌 지식인'으로 성장할 중요한 시기를 놓치지 않게 될 것입니다.

읽기와 쓰기를 가르치는 일은 모든 지식활동의 기초가 되는 우선적 교육 과제입니다.

프린트 혁명이 일어나고 아이들이 재미있게 읽을 책들이 등장한 이래 지루하게 철자 공부를 하지 않아도 글을 읽을 수 있게 된 아이들이 많아지는 것을 보면서 미국에선 텍스트 속에서 철자와 의미, 그리고 문법적인 요소들을 섭렵하면서 글 읽기를 배우는 Whole Language Approach가 리터러시의 새 바람을 일으켰습니다. 하지만 풍성한 그림책과 활발한 독서운동을 벌이는데도 책과 함께 자라지 못하는 이민자와 저소득층의 아이들 등으로 말미암아 학령기에 책을 잘 읽지 못하는 아이들이 늘어나자 미국에서는 다시 파닉스로 돌아가야 한다는 목소리가 높아졌습니다.

하지만 교육 현장을 중심으로 책과 함께하는 실제적인 읽기 훈련과 체계적 문자교육을 함께 해보자는(Balanced Literacy) 의견이 나왔으며 많은 현장 교사와 전문가들의 호응 속에 이 독서지도 방법이 적극 활용되고 있습니다.

책과 함께하는 실제적인 읽기 훈련과 체계적인 문자교육이란 무엇인지, 이를 대표하는 핵심 활동이 무엇인지 정리하자면 다음과 같습니다

Balanced Literacy 핵심 활동
(Real Reading+Systematic Learning to Read)

유형별 읽기 Kinds of Reading	체계적인 읽기지도 Systematic Reading
읽어주기 Read Aloud	소리 Phonemic Awareness
함께 읽기 Shared Reading	문자 Phonics
감독 읽기 Guided Reading	어휘 Vocabulary
혼자 읽기 Independent Reading	문장 유창성 Sentence Fluency
	스토리 이해 Comprehension

Real-reading experience and systematic learn-to-read will grow a successful reader.
Balanced Literacy Specialist, Bruce B. Frey, Ph.D

**책 읽어주기부터 시작되는 다양한 읽기 경험과
체계적인 읽기 지도가
책 읽는 아이를 만들어줍니다.**

2부에서는 체계적인 읽기 지도란 무엇이고, 어떻게 하는 것인지 항목별로 하나씩 다루기로 하겠습니다.

The limits of my language are the limits of my world.
Ludwig Wittgenstein

그림책과 영어독서지도
chapter 4

유형별 읽기
Kinds of Reading

So it is with children who learn to read fluently and well: They begin to take flight into whole new worlds as effortlessly as young birds take to the sky. William James

미국을 중심으로 21세기 리터러시를 끌어가고 있는 Balanced Literacy 에서는 책과 함께하는 실제적인 읽기 연습 방법을 다음과 같이 네가지로 제안하고 있습니다.

1. 읽어주기(Read Aloud)

책 읽는 아이를 만들어주기 위해 가장 먼저 필요한 일은 책을 읽어주는 일입니다. 어른과 함께 즐기던 것을 아이는 언젠가 따라하게 되기 때문입니다. 많이 읽어준 만큼 책이 주는 유익은 고스란히 아이의 자산이 될 것입니다.

책 읽어주기는 가정에서뿐 아니라 유치원이나 초등학교에서도 활성화되어야 합니다. 재미난 스토리를 읽어주는 동안 아이들은 정서적으로 안정되고, 지식과 생각이 자라며, 읽기를 위한 준비뿐 아니라 지식활동을 위한 훈련을 받게 되기 때문입니다.

가정이 아닌 교육 기관에서 책 읽어주기를 진행하는 경우,
a. 가능한 한 아이들을 바닥에 모여 앉게 하여 아늑하고 친밀한 읽기 환경을 만들어줍니다.
b. 책 읽어주기 전에 등장 인물과 배경에 대한 사전 지식을 가지고 책을 대하도록 합니다.
c. 스토리에 대한 느낌과 생각을 표현하게 하면서 읽어주고, 손가락으로 텍스트를 잘 짚어가면서 읽어주도록 합니다.
d. 다음에 벌어질 일이나 궁금해질 법한 내용을 입으로 말해주거나(think aloud) 질문을 함으로써, 아이들이 스토리를 생각하면서 경청하게 합니다.

❖책 읽어주기를 위한 구체적인 팁은 1부의 3장, '책 읽어주기'를 참조해주세요.

2. 함께 읽기(Shared Reading)

읽기 연습이 필요한, 그리고 한두 단어라도 읽기가 가능해진 아이들을 중심으로 서서히 함께 읽기를 진행해봅니다. 함께 읽기 수업에서는 무엇보다

a. 모두가 함께 텍스트를 읽어낼 수 있는 큰 책이나 포스터 스크립트를 준비합니다.

b. 교사가 주도적으로 읽기를 시작하고 중간중간 아이들이 읽을 부분을 지목하여 읽기에 참여하게 합니다.

c. 몇 번의 반복 읽기를 통해 아이들이 읽을 단어를 넓혀가고, 합창 읽기나 그룹 읽기 등을 통해 읽기 연습이 효과적으로 진행되도록 합니다.

3. 감독 읽기(Guided Reading)

함께 읽기를 통해 조금씩 읽기를 시작한 아이들에게는 교사가 감독하고 아이들이 글을 읽는 Guided Reading을 합니다. 글을 읽는 일 자체가 어려워지면 단어나 문법 등 집중적인 영어수업이 이루어지더라도 "영어책 읽는 아이"로 성장할 직접적인 기회가 주어지는 것이 아니므로 책 읽는 시간 자체를 확보하여 '유창한 읽기'가 이루어지도록 돕습니다. 이런 수업을 위해서는

a. 아이들의 읽기 능력에 맞는 쉽고 재미난, 그리고 친숙한 단계별 리더(Leveled Readers)를 정하여 읽습니다.

b. 책 읽는 속도가 붙을 때까지 돌아가며 읽기, 그룹 읽기, 합창 읽기 등을 통해 여러 번 반복 읽기를 합니다.

c. 글을 읽을 땐 손가락으로 글자를 가리키게 하고 적절한 속도로 운율을 살려서 읽게 합니다.

d. 아이가 잘 읽어내지 못하는 단어는 음절별로 끊어주면서 천천히 읽어낼 수 있도록 도와줍니다.

4. 혼자 읽기(Independent Reading)

아이들이 혼자 글을 읽을 수 있게 되었을 때는 무엇보다 책의 즐거움 속에 빠질 수 있도록 교사와 부모의 계속적인 관심과 지원이 필요합니다. 우리 나라 아이들은 특히 그림책 단계에서는 영어책을 좋아하다가도 초등학교로 올라가면서부터 영어책 읽는 것을 두려워하고 책과 멀어져가는 아이들이 많은데, 이는 적절한 읽기 환경과 도서를 지원해주지 않았기 때문입니다. 영어책을 혼자서도 잘 읽을 수 있게 지도해주기 위해서는,

a. 아이들이 독서하기에 좋은 기회와 환경을 잘 만들어 주도록 합니다.
b. 그림책에서 챕터북(글 중심의)으로 잘 넘어갈 수 있도록 아이와 함께 좋은 책을 잘 골라주고 책의 내용도 함께 공유하는 등 아이가 혼자서 완전히 영어책에 빠져들 때까지 책에 대한 관심을 더 많이 기울여줍니다.
c. 교실에서도 개인적인 독서 시간(Sustained Silence Reading)과 장소를 잘 마련하여 책 읽는 재미와 습관이 붙들 수 있도록 해줍니다.
d. 유창하게 글을 읽는 단계로 성장할 수 있도록 책 읽기를 마친 후에는 다른 사람 앞에서 글을 읽거나(Reader's Chair) 읽는 연극(Reader's Theater)를 하게 해줍니다.

독서 활동이나 독후 활동도 중요하지만 무엇보다 독서 시간 자체를 확보하도록 해주는 것이 이 시기엔 특별히 더 중요합니다. 이런 이유로 미국에서는 DEAR(Drop Everything and Read)과 SSR(Sustained Silent Reading), Read Naturally 등을 통해 아이들이 독서 시간 자체를 확보하도록 하는 캠페인을 벌이고 있습니다.

chapter 4 • 유형별 읽기

> Literacy is a bridge from misery to hope.
> **Kofi Anan**

그림책과 영어독서지도

chapter 5

소리 인지
Phonological Awareness

Phonological awareness is critical for learning to read any alphabetic writing system.
Louisa Moats & Carol Tolman

소리 인지란(What is Phonological Awareness?)

소리 인지란 소리를 듣고 알아차리며 활용할 수 있는 능력을 의미합니다. 문자 교육을 위한 시작으로 대부분의 사람들은 알파벳을 먼저 떠올립니다. 하지만 철자가 소리를 대변해주는 것이니만큼 문자 교육을 위해서 알파벳과 친근해지게 하는 동시에 소리를 구별할 줄 아는 훈련을 더 많이 해줄 수 있어야 해야 합니다.

세상의 모든 언어가 그러하듯, 언어에는 일정한 패턴이 있습니다. 새로운 언어를 배울 때, 그 언어의 뿌리가 되는 소리들을 알게 되면 훨씬 더 빠른 속도로 철자를 익힐 수 있습니다. 영어에서 모음으로 시작되는 중성과 종성을 라임(rime)이라고 하며, 라임이 같은 단어들을 라이밍 워즈(rhyming words)라고 합니다. (예: cat-hat, bug-rug, duck-truck, clown-crown, sheep-jeep 등) 아이들이 소리를 듣게 할 때, 알파벳을 따라 단어의 첫소리만 듣게 하는 것은 라임, 즉 단어의 몸통 역할을 하는 라임은 빼고, 뚜껑과 같은 첫소리만 듣게 하는 것입니다. 따라서 알파벳과 첫소리만 듣게 한다면 반쪽짜리 문자 훈련을 하고 있는 것입니다.

소리 훈련에는 사실상 다음과 같은 여섯 가지가 있습니다. 철자를 조합하는 훈련을 하기 전, 즉 알파벳을 익히는 단계에서 다음과 같은 소리 훈련을 함께 시켜준다면, 파닉스 단계에서 아이들은 큰 성과를 거두게 될 것입니다.

소리 교육은 크게 여섯 가지로 나누어 진행합니다.

1단계

1. 단어 단위 인지(Word Concepts or Word Counting)
    예: Twinkle, twinkle, little, star... 노래를 손뼉치며 부르기. 부르며 단어 이름 듣게 하기.
2. 두운 소리 듣기(Alliteration)
    예: brown bear, fancy fox, happy hamster 등 반복되는 첫소리 들려주기.

3. 라임 듣기(Rhyming Words)

예: bear-pear, cat-hat, mouse-house 등 라임을 이루는 단어 소리 들려주기.

4. 긴 소리 끊어듣기(Syllable Counting)

아기때부터 영어동화책을 가까이하면서 큰 아이들은 짧고 쉬운 단어가 아닌 자기가 좋아하는 단어에 먼저 관심을 갖게되며 긴 단어임에도 불구하고 손가락으로 가리키기도 합니다. 아이들에게 친근한 긴 단어, caterpillar나 dinosaur와 같은 긴 단어들은 음절별로 끊어서 읽어줌으로써 긴 단어들도 잘 읽을 수 있도록 해줍니다.

예: cat-er-pil-lar, di-no-saur 등의 단어를 손뼉을 치며 음절별로 끊어 읽게 하기.

2단계

5. 온셋-라임 분리/조합하기(Onset-Rimes)

*온셋이란 bag과 같은 단어에 첫 자음, /b/를 가리카는 것이며, 라임이란 모음으로 시작된 나머지 철자, /ag/를 말함.

$$cat = c + at$$

cat뿐 아니라 cap, can이나 mat, hat 등의 철자도 읽을 수 있게 하기 위해 첫소리나 라임 소리를 분리, 조합, 대체 해보기.

3단계

6. 음소 듣기, 분리/조합/대체하기(Phonemic Awarenss)

소리로 단어를 만들거나 분해, 다른 단어로 대체하기.

예: /b/, /a/, /t/ 소리를 합하면 무슨 소리가 되는지 말하고 관련 그림 찾기.

/pig/란 단어에서 첫소리 /p/를 /w/로 바꾸면 무엇이 될까요?

음소 인지를 위한 활동으론 어떤 것이 가능한지 구체적으로 살펴보도록 하겠습니다.

소리 인지 놀이를 살펴보기에 앞서 영어에 더 이상 쪼개지지 않는 소리의 최소 단위는 무엇이고 이를 대변하는 철자들은 어떤 것인지 살펴보도록 하겠습니다. 국제음성기호, IPA(International Phonetic Alphabet)가 제공하는 자료를 보면 더 이상 쪼개지지 않는 소리, 즉 음소(phonemes)는 총 44개이며 이를 대변해주는 철자, 즉 문자소(graphemes)는 다음과 같습니다.

소리와 문자 도표(Phonogram)

단자음 소리와 문자(Single Consonants)

번호	소리 (phoneme)	철자 (graphemes)	샘플 단어 (sample words)
1	/b/	b	bus
2	/d/	d, ed	dog, seemed
3	/f/	f, ph, gh	fish, phone, laugh
4	/g/	g, gh	goat, ghost
5	/h/	h, wh	hat, who
6	/j/	j, g, dge	jam, gym, edge
7	/k/	c, k, ck, que	cat, key, stick, an-tique
8	/l/	l, ll	leg, bell
9	/m/	m, mb	mud, comb
10	/n/	n, kn, gn	nut, knee, gnaw
11	/p/	p	pig
12	/r/	r, wr, rh	rat, write, rhyme
13	/s/	s, c, sc, ps	sun, cent, scene, pseudo
14	/t/	t, ed	top, fixed
15	/v/	v	van
16	/w/	w	wolf
17	/y/	y, u, i	yell, u-ni-corn, on-ion
18	/z/	z, s, z	zoo, rose, xylophone

복자음 소리와 문자(Consonant Blends)

번호	소리 (phoneme)	철자 (graphemes)	샘플 단어 (sample words)
19	/ch/	ch, tch	chin, match
20	/sh/	sh, ti, si, ci, ch	sheep, na-tion, ses-sion, spe-cial, chef
21	/th/	th	thumb
22	/TH/	th	then
23	/wh/	wh	whale
24	/zh/	si	vi-sion
25	/ng/	ng	king

단모음 소리와 문자(Short Vowels)

번호	소리 (phoneme)	철자 (graphemes)	샘플 단어 (sample words)
26	/a/	a, au	cat, laugh
27	/e/	e, ea	hen, bread
28	/i/	i, y, ui	pig, myth, build
29	/o/	o	pot
30	/u/	u, ou	tub, coun-try

장모음 소리와 문자(Long Vowels)

번호	소리 (phoneme)	철자 (graphemes)	샘플 단어 (sample words)
31	/a:/	a_e, ai, ay, eigh, ey	cake, tail, hay, eight, they
32	/e:/	e_e, ea, ee, ey, ie, y	these, sea, bee, key, chief, ba-by
33	/i:/	i_e, i, ie, igh, y	pine, blind, pie, fight, cry
34	/o:/	o_e, oa, oe, ough, ow	pole, coat, toe, though, snow
35	/u:/	u_e, ew	tube, dew

r-이 따라붙은 모음들 (r-controlled Vowels)

번호	소리 (phoneme)	철자 (graphemes)	샘플 단어 (sample words)
36	/ar/	ar	car, farm, march
37	/ur/	er, ir, ur, ear, (w)or	her, bird, burn, earth, word
38	/or/	or, our, oar, ore	cord, four, soar, more
39	/eer/	ere, ear, eer	here, fear, cheer
40	/air/	air, are, ear, ere	hair, fare, bear, there

기타 모음들 (Other Vowels and Diphthongs)

번호	소리 (phoneme)	철자 (graphemes)	샘플 단어 (sample words)
41	/oo/	oo, u, ui, ue, ough	book, put, juice, true, through
42	/aw/	au, aw, al, ough	sauce, claw, walk, thought
43	/ou/	ou, ow	mouse, cow
44	/oi/	oi, oy	oil, toy

IPA(International Phonetic Association)이 부모들에게 제공하는 샘플 리스트를 참조하세요.

IPA Home Reading Alphabet Program:

http://www.internationalparentingassociation.org/PDF/Beginning_Phonograms.pdf

*소리와 문자 도표에 관한 팁

소개된 발음 기호들은 어린 아이나 dictionary.com 등 온라인 사전에서 사용하는 발음기호로서 편의를 위해 이들은 알파벳 철자로만 발음 기호를 보여주고 있으며 이들 기호는 사전마다 조금씩 다릅니다. 중요한 것은 아이들이 보는 사전에선 /ʃ/ 나 /ʒ/ 와 같은 발음 기호는 사용하지 않습니다. sh나 ng와 같은 단어의 소리 표기가 /sh/, /ng/로 되어있습니다. 소리와 철자를 익히는 아이들에게 발음 기호까지 익히게 하는 일은 삼중으로 부담을 주는 일이기 때문입니다.

1. 단어 듣기 (Word Concepts)

낯선 문장에서 그 안에 들어있는 단어의 수를 파악하는 일은 쉽지 않습니다. 아무리 쉬운 그림책이어도 그렇습니다. 그래서 낯선 언어와 친해지는 첫 단계는 우선 단어를 들려주거나 패턴화 되어 있는 문장을 통해 단어가 들리게 해주는 것입니다. Brown Bear, Brown Bear, what do you see?처럼 같은 문장이 반복되는 패턴북을 읽어주다 보면 아이들은 점점 그 문장에 친숙해지게 되고 문장을 이루는 단어가 하나씩 귀에 들어오게 될 것입니다.

핵심 활동

① Brown Bear나 From Head to Toe처럼 같은 문장이 반복되는 패턴북을 반복적으로 들려줍니다. 여러 권의 책을 만나는 것도 필요하지만 같은 책을 반복하여 읽어주면 단어에 대한 감을 갖게 하는데 도움이 됩니다.

② 엄마나 아빠가 책을 읽어주는 동안 아이가 책을 잡게 하고 부모가 읽어주는 곳을 손가락으로 포인팅하게 합니다.

③ 페이지를 넘기는 일도 아이가 하도록 합니다.

부모가 읽어주는 글 속 철자들을 아이가 가리키고, 일부 따라 읽기도 하며, 책장을 넘길 수 있다는 건 단어 개념이 생긴 것입니다.

2. 두운 소리 듣기 (Alliteration)

Alliteration (두운)이란 Brown Bear처럼 첫소리가 반복되는 것을 의미합니다. Mickey Mouse, Donald Duck, Dunkin's Donut, Super Star, Mole Music 처럼 첫소리가 반복되면 듣는 사람은 듣는 즐거움을 느끼게 될 뿐 아니라 그 단어들을 효과적으로 인지하게 하는 힘이 있습니다. 우리는 단어를 들을 때 첫소리부터 듣게 됩니다. 첫소리가 반복된다면 소리 인지 효과는 배가될 것입니다. 우리나라 광고에도 '진심이 짓는다' '같이의 가치' 등 Alliteration 기법을 사용하는 광고를 많이 보게 됩니다. 두운을 살린 광고들이 효과적으로 소비자에게 전달되는 것처럼 낯선 소리와 친해져야 하는 아이들에게도 두운은 첫소리를 인지하는 데 큰 도움이 될 것입니다.

첫소리 인지를 위한 두운 듣기

① 영어동요(Nursery Rhymes)를 많이 듣게 해줍니다.

영어동요에선 라임 못지 않게 두운을 많이 들을 수 있습니다. Miss Mary Mack, Jack and Jill, Hickory Dickory Dock, Baby Bumble Bee, Baa Baa Black Sheep, Sing a Song of Six Pence, The Muffin Man, Wee Willie Winkie와 같이 두운이 가득한 동요들을 듣다보면 자신도 모르는 사이 노래 속에 반복되는 첫소리를 감지하게 될 것입니다.

② Brown Bear나 Silly Sally, Creepy Crawly Calypso와 같이 두운이 들어있는 책 제목을 만날 때에는 반복되는 첫소리를 강조하여 천천히 들려줌으로써 반복되고 있는 첫소리가 무엇인지 알도록 도와줍니다.

③ 그림책에 등장하는 단어들을 꺼내어 리뷰를 해줄 경우엔 단순히 bear, fox, elephant 라고 하지 말고 가능한 한 brown bear, fancy fox, enormous elephant라고 적절한 수식어를 붙여 단어놀이를 해줍니다.

④ 두운을 살린 동화와 알파벳 동화를 많이 읽어줍니다.

(If You See a Kitten/The Accidental Zucchini/Dr.Seuss' ABC)

 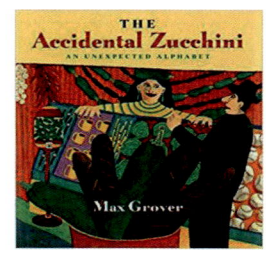 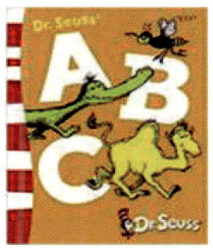

cuddly kitten, apple auto, Aunt Annie's Alligator... 등 두운을 살린 동화들은 알파벳 철자인지 효과 및 첫소리 인지에 큰 도움을 줄 것입니다.

❖더 많은 알파벳 동화는 유년기 도서목록에 소개되어 있음.

3. 라임 소리 듣기 (Rhyming Words)

한 음절로 된 단어를 놓고 볼 때 초성을 뺀, 나머지 소리, 즉 중성(모음)과 종성을 합하여 라임(rime)이라 하며, 라임이 같은 단어를 라이밍 워즈(rhyming words)라 합니다.

라임(rimes): bug   crack   spring   throat

라임 단어(Rhyming Words): bug-rug, crack-sack, spring-king, throat-boat

영어를 사용하는 나라에서 라임은 그들의 언어에 대한 큰 자부심입니다. 시와 노래 속에, 그들의 역사적 산물 속에, 문화와 예술, 상호, 그들의 명언과 아이들이 읽는 그림책에 이르기까지 이들은 아주 열심히 라임을 지키려 함을 볼 수 있습니다.

명언 중에서: No pain, no gain! If this is a time, then that is a dime!...

상호 중에서: Seven Eleven, Less for Dress, Crunch 'n Munch...

동요 중에서: Twinkle, Twinkle, Little Star, How I wonder what you are!

Hickory dickory dock, the mouse ran up the clock!

그림책 The Gruffalo **중에서:**

Where are you going to little brown mouse?

Come and have lunch in my logpile house.

그림책 Oh, The Places You'll Go! **중에서:**

The more that you read, the more things you will know.

The more that you learn, the more places you'll go.

라임은 언어적 유희뿐 아니라, 영어를 배우는 모든 사람에게 소리 인지를 위한 패턴을 제공합니다. 동요나 동화를 통해 라임을 많이 듣고, 또 소리 놀이를 즐기면 영어를 더 잘 듣게 되고 철자 인지에도 큰 도움이 될 것입니다.

라임 소리 훈련에 도움을 주는 핵심 활동은 아래와 같습니다.

핵심 활동
① 영어 동요(Nursery Rhymes)를 많이 즐기게 합니다.

영어 동요들은 대부분에 문장 끝에 라임(운율)을 넣어 만들었기 때문에 너서리 라임(Nursery Rhymes)이라 부릅니다. 동요를 많이 들려주면 라임 소리를 많이 들을 수 있기 때문에 소리 인지에 큰 도움을 줄 것입니다.

Humpty Dumpty sat on a wall
Humpty Dumpty had a great fall
All the king's horses and all the queen's men
Couldn't put Humpty together again

〈라임 추천 동요책〉

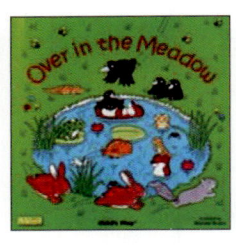

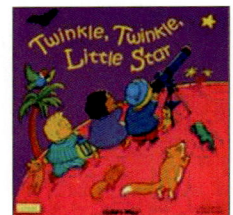
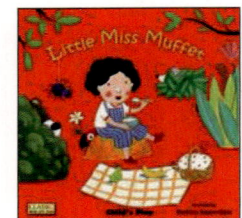

② 라임이 많이 들어간 포임북을 읽어줍니다.

라임을 위해 만든 책이라고 할 만큼 라임으로 가득한 포임북들은 라임 소리를 반복적으로 즐기게 해줌으로써 소리 인지에 큰 도움을 줄 것입니다.

Silly Sally
Silly Sally went to town,
Walking backward upside down
On the way she met a pig, a silly pig,
They danced a jig.

〈라임을 들을 수 있는 포임북〉

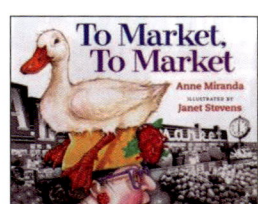
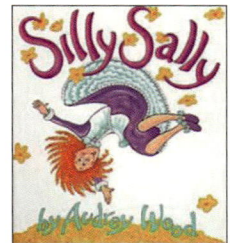
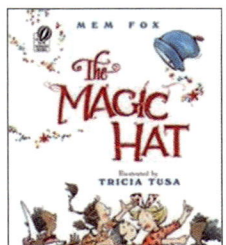
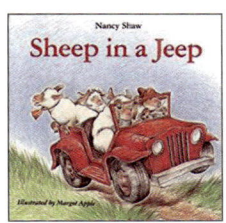

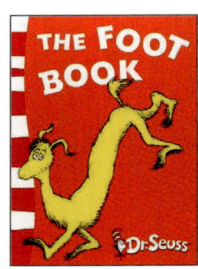 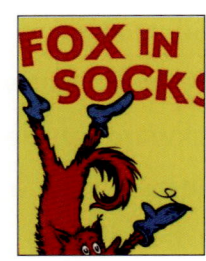 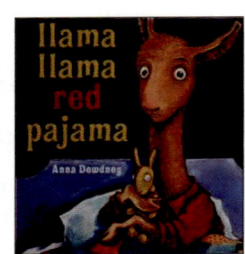

③ 라임 놀이를 합니다.

a. 라임이 될 만한 장난감들을 늘어놓고, 라임 소리를 듣게 한 뒤, 장난감을 활용하여 라임이 같은 단어끼리 매칭해보게 합니다. (ham-jam/map-cap/sub-tub/bell-well)

b. 동화를 읽고 나서 동화에 나오는 단어 중 2~3개를 선택하여 이와 라임을 이루는 단어들을 찾아 라임 소리를 듣게 합니다. 라임은 www.rhymer.com에 들어가서 검색 란에 bug 등을 치고 검색하면 bug와 라임이 되는 단어들을 볼 수 있습니다.

c. 라임을 이루는 단어를 그림으로 만들어(실물 장난감이면 아이들이 더 좋아함.) 라임을 매칭하는 놀이를 해봅니다. 그림은 검색창 이미지 파일 등에서 꺼내 사용합니다.

라임을 이루는 단어 샘플

cat-hat	bag-tag	ham-jam	fan-van
map-cap	well-bell	hen-pen	nest-vest
pet-vet	pig-wig	pin-bin	king-wing
dog-frog	top-hop	sock-clock	fox-box
gum-plum	bun-run	bug-rug	duck-truck
cake-rake	tree-bee	seal-meal	pine-vine
rice-lice	fight-night	mole-hole	tube-cube
car-star	bear-chair	moon-spoon	mouse-house
jaw-claw	cow-bow	toy-boy	ball-hall

4. 긴소리 듣기 (Syllable Counting)

알파벳을 익히기 전에 아이들은 그림책부터 읽으면서 자라는 시대입니다. 그리고 아이들은 그림책에서 bus나 cat이 아닌 자기가 좋아하는 단어, 즉 caterpillar나 dinosaur과 같은 긴 단어부터 익히는 것을 보게 됩니다. 그래서 우리는--알파벳도 모르는 아이지만--긴 단어를 음절별로 끊어 정확히 발음할 수 있도록 도와주어야 합니다. 음절 놀이가 적극적으로 필요한 데는 또 다른 이유가 있습니다. 한국어는 초성과 중성, 종성이 음절을 따라 한 덩어리로 묶여 있기 때문에 음절을 걱정할 필요가 없습니다. 철자 한 덩어리가 그대로 한 음절이기 때문입니다. 하지만 영어는 얘기가 다릅니다. watermelon, caterpillar, helicopter와 같이 알파벳 철자들이 아무런 표시 없이 옆으로만 마냥 펼쳐져 있기 때문입니다. 이런 단어들은 발음하기도 어렵지만 읽거나 쓰는 일도 쉽지가 않습니다. 이런 이유로 영어를 사용하는 나라들은 알파벳 시기부터 긴 단어 읽기 놀이인 음절 놀이를 합니다.

음절 놀이를 소개하기 전에 음절에 대해 좀 더 자세히 살펴보기로 하겠습니다.

단어에서 음절은 오직 모음이 만들어냅니다. 자음은 모음을 중심으로 소리의 방향만 설정하는 역할을 하는 것이며 소리를 묶어주는 것은 모음이란 뜻입니다. 따라서 1음절 단어란 1개의 모음을 3음절 단어란 3개의 모음이 들어있다는 걸 의미합니다.

1음절 단어: bug, cat, cow, corn, mouse
2음절 단어: li-on, mon-key, rab-bit, ham-ster
3음절 단어: kan-ga-roo, buf-fa-lo, ko-a-la, di-no-saur, go-ri-lla
4음절 단어: wa-ter-mel-on, hel-i-cop-ter, cat-er-pil-lar

caterpillar와 같은 긴 단어는 길어서 정확하게 발음하는것이 쉽지 않습니다. 이런 경우 교사는 이 단어를 음절별로 나눠 천천히 발음하도록 도와주어야 하며, 이때 교사는 이 단어를 ca-ter-pill-ar로 나눠줘야 하는지 cat-er-pil-lar 로 해야 하는지 고민하게 될 것입니다.

음절을 나누는 방법은 우선 사전을 참고하는 것입니다. 사전어선 단어들을 음절별로 나누어 소개하고 있습니다. 한국의 온라인 사전들은 정보들이 잘못 입력된 사례가 많으므로 www.dictionary.com 등 영국이나 미국에서 만든 온라인 사전을 참고하는 것이 좋습니다.

음절을 어떻게 나눠야 하는지 간단한 팁을 드리자면
① 먼저 등장하는 모음이 단모음인 경우, 모음 뒤에 있는 자음을 당겨 첫번째 모음에 붙여 읽습니다. (예: mel-on, hab-it, lem-on)
② 먼저 등장하는 모음이 장모음인 경우 뒤에 있는 자음을 밀어냅니다.
　(예: ba-con, pi-lot, fi-nal, hu-man)
③ 자음이 나란히 붙어 등장하는 경우, 앞뒤로 하나씩 나눠줍니다.
　(예: but-ter, don-key, bas-ket)
④ 접두사나 접미사, 합성어는 별도로 끊어 읽어줍니다.
　(예: be · cause, joy · ful, nick · name)
⑤ 모음은 혼자서도 별도의 음절을 갖기도 합니다.
　(예: a · way, i · de · a)

*기타 해결되지 않은 긴 단어들은 사전을 찾아 음절을 확인하도록 합니다.

긴 단어를 정확히 발음하게 해주고 음절에 대한 감각을 키워주려면 다음과 같은 음절 놀이를 합니다.

핵심 음절 놀이

① 그림책에 caterpillar, chrysanthemum과 같은 긴 단어가 등장을 하면, 읽기 전에 미리 단어를 소개해주고 음절별로 박수를 치면서 정확히 발음할 기회를 줍니다.

   예: wa-ter-mel-on, cat-er-pil-lar, hip-po-po-ta-mus

② 동요를 부르는 시기에 북채나 트라이앵글을 활용하여 음절별로 장단을 맞추면서 노래하는 시간을 자주 갖도록 합니다. 음절 놀이를 하기에 좋은 동요로는 Twinkle, Twinkle, Little Star와 Hickory Dickory Dock 등 모든 동요가 다 가능하며 박자에 따른 장단보다는 음절 수에 맞춘 장단을 치게 합니다.

③ 긴 단어로 이루어진 단어에 해당되는 장난감(미니어처)이나 그림 카드들을 준비하여 음절별로 박수를 치면서 집어가는 놀이를 합니다.

④ 몸 동작으로 음절을 표현하는 놀이를 합니다. 애벌레를 보여주고 4음절로 된 이 단어를 몸으로 표현하게 하는 것입니다. 교사가 두 손으로 머리, 어깨, 허벅지와 발을 가리키며(머리, 어깨, 무릎, 발 노래와 같이) 발음해보게 하거나, 로봇춤을 추듯 동작을 자유롭게 만들어 음절을 표현하는 놀이를 합니다.

⑤ 아래와 같이 그림카드를 준비하고 차트를 만들어 음절에 따라 그림들을 열거하게 합니다.

1 Syllable Words	2 Syllable Words	3 Syllable Words
왕	풍선	고릴라
케이크	사자	악어
고양이	요요	코알라

⑥ 장난감을 사용하여 음절별로 분류하는 놀이를 합니다. 엮은 구슬(비즈)이나, 공기 등을 통해 음절 나누기 놀이를 합니다.

5. 음소 인지(Phonemic Awareness)

영어 단어에 조금 더 익숙해지고, 단어의 첫소리와 라임 소리를 어느 정도 들을 수 있게 되면, "/b/, /u/, /s/는 뭘까요?" 또는 "cat"은 어떻게 나누면 될까요?"와 같은 소리 놀이를 해봅니다. 알파벳 철자와 상관 없는 이런 소리 놀이들은 단어 속에 들어있는 음소들을 쪼개어 듣게 해주고, 소리를 조합, 분해, 조작하는 능력을 갖게 해줍니다. 이런 소리 조작 훈련을 파닉스에 앞서 충분히 한 아이들은 철자를 익히는 단계에서 놀라운 성과를 보여주게 될 것입니다.

음소를 듣고 조작하는 능력을 키워주는 소리 놀이에는 다음과 같은 것들이 있습니다.

카드나 장난감을 활용한 음소 놀이

아래와 같이 간단한 단어(CVC, 즉 자음+모음+자음 형태)의 그림 카드나 장난감을 준비하여 테이블 위에 올려놓고 선생님의 질문에 맞는 단어 이름을 말해보고 단어를 집어보게 합니다.

〈간단한 단어를 중심으로 하루 2~3가지 소리 놀이를 해봅니다.〉

미니어처 장난감과 함께하는 소리 놀이

	놀이이름	설명	놀이 샘플 (방법)
1	Onset-Rimes	초성과 라임(모음인 중성+종성) 나누기 놀이	여기 장난감 중에 /us/ 소리가 나는 것은? (bus) 여기 장난감 중에 /d/, /og/는 무엇일까요? (dog)
2	Phoneme Identification	단어 간 공통의 소리 듣기	저기 보이는 bus랑 bed는 어떤 공통의 첫소리가 날까요? /b/ cat랑 bat는 어떤 끝소리가 날까요? /t/
3	Phoneme Isolation	단어 속 첫소리와 끝소리 듣기	여기 장난감 중에 cat의 첫소리는 무엇일까요? /k/ 여기 장난감 중에 tub의 끝소리는 무엇일까요? /b/
4	Phoneme Blending	음소 합쳐보기	여기 장난감 중에 /s/ /u/ /n/은 무엇일까요? (sun)
5	Phoneme Categorization	음소 구별하기	여기 장난감 중에 첫소리가 다른 것은? bus, bag, (tub), bed
6	Phoneme Segmenting	단어를 음소별로 나누기	여기 장난감 중에 bug를 천천히 끊어서 말하면? /b/ /u/ /g/
7	Phoneme Deletion/ Addition	단어 중 일부 소리 없애거나 추가하기	spine에서 /s/를 빼면? (pine) rog 앞에 /f/를 넣은 소리가 나는 것은? (frog)
8	Phoneme Substitution	단어 중 일부 소리 대체하기	spoon에서 /sp/를 /m/로 바꾸면? (moon) 첫소리는 top 하고 같고, 라임 소리는 sub 하고 같은 것은? (tub)

*이런 놀이는 파닉스 이전 단계뿐 아니라, 문자를 익히는 과정에서도 문자와는 상관없는 별도의 놀이로 진행합니다. 소리에만 집중하여 소리를 들을 수 있는 놀이를 계속 하면 철자들을 조합하고 활용하는 일에 큰 도움을 줄 것입니다.

6. 알파벳 소리와 철자(Alphabet Letters)

알파벳 인지는 아이들이 알파벳 이름을 말하기 훨씬 전부터 시작됩니다. 알파벳에 아무 관심이 없는 것 같지 않아도 책을 읽어주고, 알파벳 철자들을 노출시켜주는 동안 아이들은 이미 철자 소리와 모양에 대한 지식을 갖게 됩니다.* 노래와 책 읽어주기를 통해 영어와 친해지는 동안 조금씩 그리고 자연스럽게 알파벳 소리와 모양을 익히도록 해주면, 아이들은 읽기와 쓰기를 보다 효과적으로 인지할 수 있게 될 것입니다.

알파벳과 친해지게 하려면

첫째, 같은 문장이 반복되는 패턴북을 자주 보게 하고 아이가 글자를 손가락으로 가리키며 읽는 흉내를 내어 통글자와 친해지게 해줍니다.

둘째, 알파벳 카드나 미니어처 장난감, 알파벳 철자 장난감, 알파벳 과자나 자석, 도장 등을 마련하여 풍성하고 재미난 알파벳 놀이 환경을 만들어줍니다.

알파벳 학습에도 알파벳 이름을 알게 하는 것과 알파벳 소리를 알게 해주는 일, 알파벳 순서와 대소문자 인지 등 해 줄 일이 많습니다. 알파벳 인지를 위해 필요한 학습활동을 정리해보면 다음과 같습니다.

① 알파벳의 이름과 소리 익히기
② 대문자와 소문자 모양 익히기
③ 알파벳 기록하는 방법 익히기 (대문자는 세로부터 기록, 소문자는 왼쪽부터 기록)
④ 알파벳 순서, 즉 a-b-c-d 순서 익히기
⑤ 알파벳 학습을 위해 필요한 기초 단어 함께 익히기
   예: A-Apple, B-Banana, C-Cat, D-Dog…

---

*McGee, Lea M. and Richgels, Donald J. *Designing Early Literacy Programs*. New York: The Guilford Press. 2003. pp.113-118

알파벳 놀이

① **알파벳 이름 익히기**(Letter Identification)

알파벳 모양과 이름을 먼저 익힙니다. 대문자와 소문자를 동시에 빈 종이에 천천히 적어주고 따라서 써보게 합니다. (하루에 한 알파벳만 다뤄봅니다.) 이 알파벳으로 시작하는 단어(장난감이나 실물이면 더 좋습니다.)를 4~5개 보여줍니다.

② **알파벳 카드 집어 들기**

- 알파벳 카드를 바닥에 펼쳐놓습니다.
- 엄마가 부르는 단어의 첫소리에 해당되는 알파벳 카드를 찾아 집어 들게 합니다.

  예: 엄마가 bird 하면 아이는 b가 적힌 카드를 집어 듭니다.

③ **알파벳 쓰기**(Spelling)

눈으로 익히는 데서 끝나지 말고 손으로도 기록하도록 합니다. 그리고 화이트 보드 등을 통해 받아쓰기 놀이도 해봅니다.

④ 알파벳 대소문자 매칭하기

알파벳 대소문자 교구나 카드를 바닥에 놓고 서로 매칭해보게 합니다.

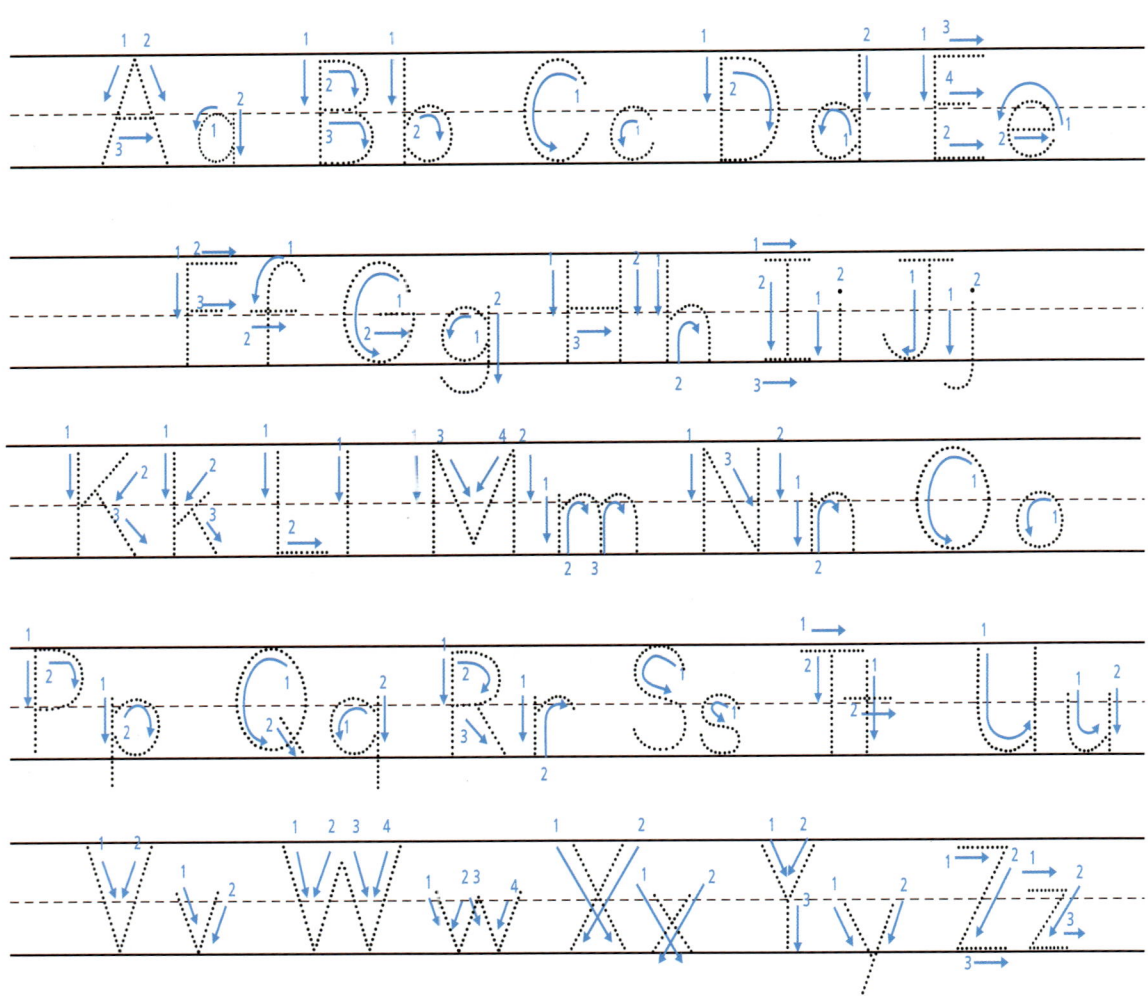

⑤ 알파벳 순서 (Alphabet Order)

알파벳 순서는 사전을 통한 자료나 도서관 자료 등 스스로 정보를 찾아가기 위한 지식 활동의 기초가 되므로 Alphabet Maze나 알파벳 순서 놀이 등을 통해 익히도록 합니다.

⑥ 알파벳북 만들기 (Book Making)

부엌용품, 과일, 꽃이름, 동물 캐릭터 등 테마별로 혹시 내가 좋아하는 물건 등으로 한 섹션에 걸쳐 천천히 알파벳 북을 완성해보게 합니다.

⑦ 알파벳 챠트 (Word Wall)

아래와 같이 그림카드를 이용하여 알파벳별로 모아 모두 함께 보는 곳에 전시합니다.

⑧ 알파벳 사전놀이

알파벳 사전을 통해 'b'로 시작하는 단어들은 무엇이 있는지 함께 찾아보고 미니 알파벳 수첩도 만들어 봅니다.

 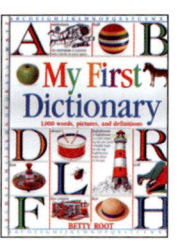 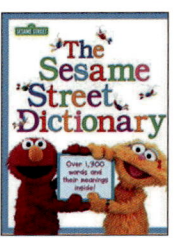

학습활동을 위한 추천 사이트

www.preschoolcoloringbook.com   www.preschoolactivitybox.com
www.first-school.ws   www.enchantedlearning.com

그림책과 영어독서지도
chapter 6

파닉스
Phonics

Phonics is the first strategy that children should be taught in helping them learn to read.

파닉스란(What is Phonics?)

파닉스란 소리와 철자, 즉 소리를 대변하는 문자 체계를 이해하고 활용하는 방법을 의미합니다. 영어책을 읽어주고, 영어 노래를 듣고 부르게 하며, 소리놀이를 하는 등 영어의 소리와 친숙해진 아이들 그리고 통글자 노출과 더불어 알파벳 철자를 조금씩 익혀온 아이들에게 소리와 철자와의 관계를 단계적으로 가르쳐주어 읽고 쓸 수 있게 하는 것이 파닉스입니다.

파닉스 진행 순서

1단계: 단자음(Single Consonants)

- 단어의 첫소리(초성)와 끝소리(종성)에 해당되는 철자 읽고 쓰기

2단계: 단모음 (Short Vowels)

- 모음 소리와 철자 익히기.
- 모음을 중심으로 자음+모음+자음(CVC) 형태의 단어를 구성해보기
- 단모음이 들어간 단어 읽고 쓰기

3단계: 복자음 (Consonant Blends + Consonant Digraphs)

- 소리는 살아있으나 두 개 이상 붙어 다니는 복자음(Consonant Blends) 읽고 쓰기

 예: bl, br, cl, cr, dr, nt, str, spl…

- 두 개의 철자가 모여 새로운 자음 소리가 되는 복자음(Consonant Digraphs) 읽고 쓰기

 예: ch, ph, sh, th, ng, ck…

cr-a-b   fr-o-g   cl-o-ck   f-i-sh

4단계: 장모음/복모음 (Long Vowels, Diphthongs)

- ai, ee, ie, ow, ew와 같은 장모음(Long Vowels) 읽고 쓰기

- ar, er, ear, oo, aw, ou, oi와 같은 복모음(R-Controlled Vowels, Diphthongs) 읽고 쓰기

qu-ee-n   g-oa-t   b-ir-d   h-ou-se

의 순서대로 진행합니다. 체계적인 철자 교육을 위해 파닉스 수업은 교재를 정하여 교재의 순서를 따라가면서 진행하는 것이 좋으며 최대의 효과를 위해 필요한 자료와 교수방법을 익혀두도록 합니다.

I. 단자음 (Single Consonants)

문자 교육에 있어 단자음을 배우는 것이란 단순히 자음 소리와 철자를 익히는 것 이상의 의미가 있습니다. 단어를 구성하기 위해 단어 앞뒤에 기둥을 세우는 것입니다. 그러므로 단자음을 가르칠 때에는 단순히 자음의 소리와 문자를 익히는 것만 생각하지 말고 짧은 단어(cat, bug, rat, jam 등)를 불러주고 그 단어 앞뒤에 있는 자음 소리를 듣고, 읽고, 또 쓸 수 있도록 지도합니다.

단자음이란?

단자음이란 모음 앞뒤에 붙어 모음 소리가 나는 방향을 잡아주거나 모음 소리를 마무리 짓는 역할을 합니다. 즉 소리의 중심에 있어 소리를 내는 (sound out) 것은 모음이지만, 자음은 모음 소리 주변에서 소리의 방향을 잡아주는(sound around) 것이라 할 수 있습니다.

단자음 유형(Single Consonant Sounds)

파열음 Plosive	b	입술에서 터지는 유성음
	p	입술에서 터지는 무성음
	d	앞니 안쪽 잇몸에서 터지는 유성음
	t	앞니 안쪽 잇몸에서 터지는 무성음
	g	목구멍에서 터지는 유성음
	k	목구멍에서 터지는 무성음

※ 정확한 소리를 위해 필요한 경우 영상매체에서 Single Consonant Pronunciation을 치고 소개된 영상들을 통해 단자음 발음을 따라 해봅니다.

마찰음 Fricative	f	아랫 입술과 윗니가 마찰을 일으키는 무성음
	v	아랫 입술과 윗니가 마찰을 일으키는 유성음
	s	다문 앞니 사이 마찰을 일으켜 나는 무성음
	z	다문 앞니 사이 마찰을 일으켜 나는 유성음
	h	목구멍에서 마찰을 일으키 는 무성음
파찰음 Affricative	j	입천장에서 파열과 마찰을 동반하여 내는 유성음
비음 Nasal	m	입술에서 내는 비음
	n	잇몸에서 내는 비음
유음 Liquid	r	혀를 말아서 공기의 흐름을 막으며 내는 닿소리
	l	혀를 편편하게 펴서 천장에 붙이면서 내는 닿소리
경과음 Glide	w	(반모음) 모음처럼 소리를 앞쪽으로 끌어 내보냄
	y	(반모음) 모음처럼 소리를 구강 중간쯤에서 내보냄

특별한 자음에 대하여

1. 자음 c와 g는 두 개의 소리를 가지고 있습니다.

　c와 g 다음 모음 e, i, y가 오면 /s/와 /j/ 소리가 남.

　예: cent, city, cymbals, gem, giraffe, gym

2. 자음 x는 끝에 오는 소리로서 /ks/ 소리를 냅니다.　예: fox, mix, ax

3. 자음 qu는 /kw/ 소리를 냅니다.　예: queen, quiz, quail, question

단자음 지도

1. 하루 한 자음 소리에만 집중합니다.
2. 파닉스의 생명은 복습입니다. 발음과 철자를 익히는 대로 수첩이나 카드에 적어 두고 복습합니다.
3. 읽기만이 아니라 쓰기(spelling, dictation)도 함께 진행합니다.
4. 파닉스 수업 진행 순서는 다음과 같습니다.

    예: 알파벳 /b/의 경우

    ① Bb를 기록하는 과정을 보여주고 /b/ 소리를 듣게 합니다.

    ② /b/로 시작하는 단어 5~6개 소개합니다.

    예: bear, bus, book, bed, ball, bug

    ③ /b/소리 인지를 돕는 /b/ Song을 읽고 노래도 불러보게 합니다.

    추천 학습서: JY Phonics Song Book 1~4

    ④ 학습서를 통해 듣기, 읽기, 쓰기 등을 연습합니다.

    ⑤ 단어카드나 도장, 교구 등을 이용하여 첫 철자와 끝 철자에 해당되는 알파벳을 앞뒤에 놓는 놀이를 합니다.

c　　t　　p　　g

⑥ 자음 6개 이상을 익힌 다음부터는 아래와 같은 보드를 단들고 받아쓰기를 하게 합니다. 개인용 화이트보드를 준비하여 나눠주고, 단어를 불러줍니다. 아이들은 모음이 올 가운데 자리는 비워놓고 교사가 불러주는 단어의 처음과 마지막 철자만을 쓰게 합니다.

단자음 받아쓰기용 추천 단어 (첫소리와 끝소리만 기록하게 한다.)

bat, bug, bus, bed, box, cat, cap, cup, can, dog, dad, dam, fox, fan, frog, fork, gum, goat, gas, hat, hug, jam, jet, jeep, lid, leg, lamp, map, mug, mop, mat, net, nest, nut, nap, pig, pen, pet, queen, rat, rug, six, sub, sun, soap, top, ten, toad, van, vest, vet, wig, wag, wax, yam

❖ 아이들이 단어를 듣고 처음과 마지막 철자를 쓸 수 있으면 단자음은 마무리된 것으로 간주합니다.

2. 단모음 (Short Vowels)

단모음을 배운다는 것은 단순히 단모음 소리와 철자를 익히는 것뿐 아니라 모음 소리를 중심으로 앞뒤에 자음을 붙여 단어를 구성해봅니다. 그러므로 단모음을 가르칠 땐 단모음 소리와 철자를 익힌 뒤 이미 익혀둔 단자음을 앞뒤에 붙여보고 만들어진 단어를 읽고, 또 쓸 수 있게 해주며 배우지 않은 다른 단모음 단어들도 무엇이든 받아쓰기를 할 수 있는 아이로 만들어주는 것이 중요합니다.

단모음이란?

단모음이란 'Sound Out'이라는 별명을 가지고 있습니다. 'Sound around'라는 별명을 가진 것이 자음이라면 자음은 모음이 내는 소리 주변에 붙어 모음 소리의 길을 열어주거나 모음 소리를 마무리하는 역할을 하고 모음은 소리의 중심을 잡아 음절을 만들어 냅니다.

예: c-a-t 에서 자음인 c와 t는 소리의 길을 열어주고 마무리 지어주는 역할을 하고 모음 a는 소리의 중심이 되어 음절을 만들어 냄.

그런 의미에서 소리의 시작과 마무리 역할을 하는 자음 소리를 듣고 쓸 수 있는 아이들은 이제 단모음 소리를 익힘과 동시에 자음+모음+자음이 되는 간단한 단어를 구성하는 훈련을 시작할 수 있습니다.

모음 인지를 위한 패턴, Wylie와 Durrell의 Phonograms

리터러시 전문가인 Wylie와 Durrell은 영어에서 가장 많이 쓰이는 기초 단어 패턴인 37가지 라임(rimes)을 찾아 소개해주고 있습니다.(1970년) 이들이 정리한 라임은 word families 또는 phonograms 이라고도 하는데 전문가들은 이들 37개의 라임만으로도 500개가 넘는 단어들이 만들어지며 이들 단어 패턴을 이용한 철자 교수법은 그 어떤 파닉스 지도법보다 효과적이라고 말합니다.

이들에 의하면 라임(rime)을 하루 하나씩 소개해주고, 그 라임으로 만들어진 단어들(word families)을 소개해주는 것만으로도 아이들은 곧 500개의 단어를 읽을 수 있게 되고 아직 배우지 않은 단어들까지 읽고 쓸 수 있는 능력을 얻게 될 것이라 말합니다. 예: -ack을 소개한 뒤, back, pack, sack, rack, crack, black 등의 단어들을 함께 소개하여 익히게 함.

윌리와 듀렐이 소개하고 있는 37개의 라임은 다음과 같습니다.

Wylie and Durrell's 37 Phonograms

-ack	-ail	-aim	-ake	-ale	-ame	-an	-ank
-ap	-ash	-at	-ate	-aw	-ay	-eat	-ell
-est	-ice	-ick	-ide	-ight	-ill	-in	-ine
-ing	-ink	-ip	-it	-ock	-oke	-op	-ore
-ot	-uck	-ug	-ump	-unk			

단모음 지도

① 단모음 /a/부터 /e/, /i/, /o/, /u/의 순서대로 진행합니다. 단모음 단계에서 우선 활용하기 쉬운 단어들은 다음과 같습니다.

Short a:
bag/tag/rag/wag, man/pan/tan/van, cap/lap/map/tap, bat/cat/mat/hat
Short e:
hen/men/pen/ten, bed/fed/led/wed, jet/let/net/wet
Short i:
big/jig/pig/wig, bin/fin/pin/win, dip/hip/lip/tip, fit/hit/pit/sit
Short o:
dog/fog/hog/log, hop/mop/pop/top, cot/dot/hot/pot, fox/box
Short u:
bug/rug/hug, sub/tub/pub, sun/bun/run

② /a/의 경우, /a/ 소리를 듣게 하고 워드패밀리(Word Families: 소리 패턴을 이루는 단어들)를 통해 /a/ 소리를 듣고 읽을 수 있게 해줍니다.

Family Words

ag	an	ap	at
bag	fan	cap	bat
rag	man	lap	cat
tag	pan	map	mat
wag	van	tap	pat

③ 워드 스트립과 수첩으로 철자 읽기 연습을 합니다.

단어를 기록할 땐 미리 적어놓지 말고 아이들 앞에서 천천히 기록합니다. 기록을 하는 동안 아이들은 철자가 내는 소리 하나하나를 입으로 표현할 기회를 얻게 되며, 소리와 철자를 연결하고, 철자 기록 방법을 익히는 등 글자 인지 효과도 더 좋을 것입니다.

④ 알파벳 카드나 자석, 도장 등의 교구를 통해 간단한 단어를 만들어 볼 수 있도록 합니다.

⑤ 단어 반복 읽기를 하고 받아쓰기를 꾸준히 하는 것이 핵심입니다.

단모음 받아쓰기 보드

bag

3. 복자음 (Consonant Blends & Consonant Digraphs)

복자음을 배운다는 건 아이들이 간단한 단어, 즉 cat, bug, map, pot 등의 단어들을 읽고 또 쓸 수 있는 것을 전제로 하며, 이런 단위 앞뒤에 단자음이 아닌 bl, cr, scr, nt, mp와 ch, sh, ph, ng 등을 붙여 단어에 더 다양하고 두꺼운 기둥을 만들어주는 과정이라고 할 수 있습니다. 단자음을 확실하게 익혀둔 아이라면 다양한 복자음 소리와 철자로 모음 앞뒤를 다양하게 변환시켜주는 훈련을 통해 더 많은 유형의 단어들을 섭렵해가는 재미를 느끼게 될 것입니다. 특히 알파벳 소리와 철자 훈련이 된 아이들이 bl, br, cr, nt를 읽어내는 일은 크게 어렵지 않기 때문에 복자음 단계에선 더 많은 단어 읽기와 쓰기를 시도할 수 있습니다. 또한 많은 읽기와 받아쓰기를 통해 철자들과 본격적으로 친해지도록 지도해줍니다.

복자음이란?

복자음에는 자음 2~3개가 짝을 이루되 각각의 소리가 살아 있는 복자음(Consonant Blends: bl, spl, nt)과 새로운 하나의 소리로 변한 복자음(Consonant Digraphs: sh, th, ng)이 있습니다.

복자음소리와 철자들

Consonant Blends

- **L blends: bl, cl, fl, gl, pl, sl**
- **R blends: br, cr, dr, fr, gr, pr, tr,**
- **S blends: sc, sl, sm, sn, sp, st, sw, scr, spr, str, spl**
- **Other blends: tw**
- **Ending blends: nd, nk, nt, mp, lt, lp...**

Consonant Digraphs

ch(chair, bench), ph(phone, graph), sh(ship, fish), th(thorn, teeth), th(this), wh(whale), wr(wrap), qu(queen), ff(puff), ll(wall), ss(hiss), zz(buzz), ng(king), gh(ghost), mb(comb), ck(stick), ci(special), ti(nation), si(session, vision)

*ci(special), ti(nation), si(session) 이들은 복자음이며 /sh/ 또는 /zh/ 소리를 냅니다.

Consonant Trigraphs

chr(chrome), thr(throat), shr(shrimp), dge(edge), tch(catch)와 같은 세 단어가 합쳐져 만들어진 trigraph도 있습니다.

복자음 지도

① cl과 cr 등 한 번에 두 개의 복자음 소리와 철자를 다루고 샘플 단어들을 읽어보게 합니다.

② 샘플 단어들은 파닉스 교재를 참조하여 한 음절로 된 간단한 단어를 택합니다.

③ 파닉스 연습용 리더 또는 아이들이 좋아하는, 그리고 아이가 익숙해 있거나 쉬운 책을 활용하여 소리 내어 읽는 읽기 연습을 많이 하도록 합니다. 책을 읽다 보면 여전히 다루지 않은 철자(복자음과 복모음 등)들도 등장하겠지만 익히지 않은 단어들도 오디오나 선생님을 통해 통으로 듣고 읽어두면 오히려 음가를 배우게 될 때 더 빠른 효과를 낼 수도 있습니다.

④ 가로로 긴 철자 수첩을 아래처럼 분리하여 왼쪽엔 익힌 복자음 철자를 기록하고 오른쪽엔 라임(중성+종성)을 기록하여 항상 복습합니다. (특별한 의미가 없는 단어도 글자 조합 훈련을 위해 읽도록 합니다.)

⑤ 도장이나 교구를 활용하여 글자 만들기를 하고 받아쓰기를 통해 글을 쓸 수 있도록 훈련합니다.

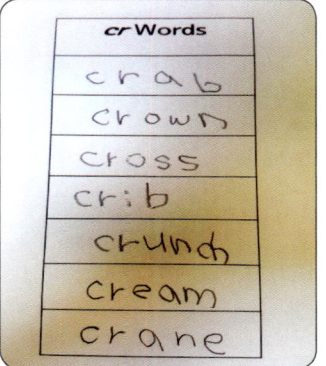

4. 장모음과 복모음 (Long Vowels, Vowel Digraphs, & Diphthongs)

단어를 구성하는 중심 역할은 모음이 합니다. in-ter-na-tion-al, wa-ter-mel-on, hip-po-pot-a-mus 등 자음과 모음이 한꺼번에 섞여서 옆으로만 길게 나열된 영어를 척척 읽어내는 아이가 되게 하려면(음절 놀이 등을 통해 음절에 대한 감각을 익히는 일도 필요하지만) shepherd, mountain 등 음절을 구성하는 모음들을 읽어낼 수 있어야 합니다. 어떻게 이런 일이 가능할까요? 그것은 시간이 걸리더라도 sh 나 th, ng 등을 인지하듯이 장모음과 복모음들, 즉 ea, ai, igh, ar, ear, oo, aw 등도 통으로 읽고 쓸 수 있도록 해주는 일입니다.

장모음과 복모음들은 때로 2개 이상의 소리(예: c**ow**와 sn**ow**에서 **ow**가 각각 다른 소리를 냄)가 있어 조금은 부담 요인이 되겠지만 체계적으로 장/복모음 음가를 다뤄주는 교재와 더불어 장모음과 복모음을 다루어줘야 음가에 대한 확실한 정리가 끝나게 될 것입니다.

장모음이란?

장모음이란 /a:/, /e:/, /i:/, /o:/, /u:/ 소리가 나는 모음만을 장모음이라고 합니다. 장모음엔 2종류가 있습니다. c**a**p+**e**, p**i**n+**e**, h**o**p+**e**처럼 단모음 단어 끝에 e가 붙어서 장모음이 되는 경우가 있습니다. 또 다른 경우는 m**ai**l, s**ea**l, p**ie**, g**oa**t, sn**ow**처럼 가운데 두개 이상의 철자들이 모여서 장모음 소리를 내는 경우입니다.

> **장모음 A: 단모음+e 로 만들어진 장모음의 경우**

Long a: can+e=cane, cap+e=cape

Long e: pet+e=Pete

Long i: pin+e=pine, sit+e=site

Long o: hop+e=hope

Long u: tub+e=tube

장모음 B: 2개 이상의 모음이 모여 장모음이 되는 경우

Long a: **ai**(snail, grain, trait), **ay**(hay, gray)

Long e: **ea**(seal, heat), **ee**(bee, peel), **eigh**(freight)

Long i: **ie**(pie, tie), **y**(fly, dry, sky), **igh**(night, sight)

Long o: **oa**(boat, coat), **oe**(toe, hoe), **ow**(snow, crow)

Long u: **ew**(few, dew), **ue**(hue, due)

복모음이란?

ai, ea, ou, aw 등 두 개 이상의 모음이 모여 만들어진 모음을 "Vowel Digraphs"이라고 합니다. 이 중에서 long/a/, long/e/, long/i/, long/o/, long/u/ 소리를 내는 모음만 장모음이며 이를 뺀 나머지를 복모음이라고 합니다. 복모음에는 크게 두 가지 유형이 있습니다. 하나는 모음 뒤에 r이 붙어서 만들어진 복모음(r-controlled vowels)이며 oo, aw, 그리고 ou, oi 등의 복모음(diphthongs)이 있습니다.

복모음 A: r이 뒤에 붙어 만들어진 복모음 (r-controlled vowels)

ar, er, ir, or, ur, ear, are, air, ere, ear, wor

ar	/ar/	car, star, park, farm
er, ir, ur, ear, w(or)	/er/	bird, stir, third, turn, purse, nurse, earth, heard, word
or	/or/	fork, horn, corn, thorn
air, are, ear, ere	/air/	hair, fair, hare, share, bear, swear, where, there

복모음 B: 기타 복모음 (Other Vowel Digraphs and Diphthongs)

oo, ew, au, aw, ou, ow, oi, oy

oo, ew	/oo/	book, pool, spoon, grew, screw
au, al, aw	/aw/	pause, sauce, ball, talk, paw, jaw, claw
ou, ow	/au/	mouse, house, foul, cow, bow, howl
oi, oy	/oi/	foil, oil, soil, toy, boy, soy

장모음과 복모음 지도

① 장모음과 복모음은 자음과 단모음, 복자음 소리를 익히고 나서 다루는 것이 좋습니다.

② 단모음+e가 장모음이 되는 경우를 먼저 다룹니다. 단모음이 들어간 단어를 읽게 한 뒤, 알파벳 e를 붙여 소리가 어떻게 달라지는지 들어보게 합니다.

③ 단모음과 복모음 등 두 개 이상의 철자가 합쳐져 어떤 소리를 내는지를 먼저 들어보게 합니다. (두 개 이상의 모음이 모여 장모음이 된 경우, 대체로 앞의 모음이 장모음 소리를 내고 뒤에 등장하는 모음은 소리가 없음)

④ 단어카드를 활용하여 장/복모음을 써주면서 읽게 하고 수첩을 앞뒤로 넘겨 그 동안 익힌 다양한 자음과 모음 철자들을 읽어보게 합니다.

⑤ 단계별 파닉스 리더나 포스터 등을 통해 읽기 연습을 합니다.
⑥ 교재를 통해 복모음 문제를 풀어보게 합니다.

⑦ 앞에서 익힌 장모음과 복모음 음가들만을 수첩에 기록하여 수업 때마다 눈도장을 찍게 해줍니다.

⑧ 카드나 도장, 교구(Reading Rods) 등을 활용하여 단어 만들기 놀이를 합니다.

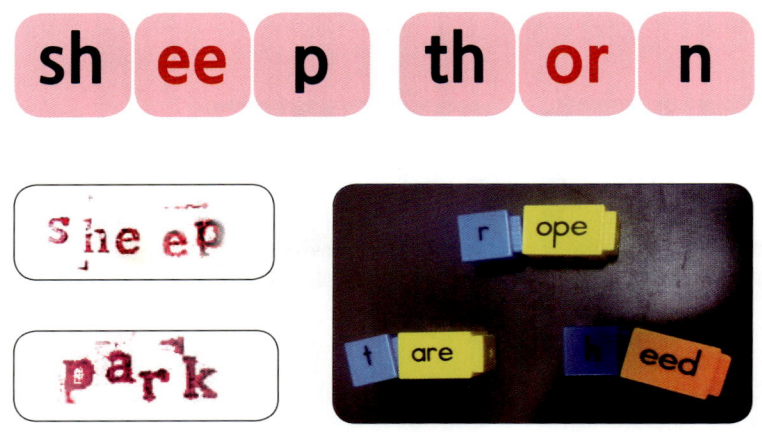

⑨ 받아쓰기로 수업을 마무리하여 철자가 확실히 인지되도록 해줍니다.

ai Words	*ar* Words	*igh* Words
tail	car	fight
snail	star	night
rain	park	bright
trail	farm	high
brain	barn	light
jail	shark	right
mail	harp	might
pain	jar	sight
train	yarn	tight

파닉스 규칙(Phonics Rules)

모든 언어가 그러하듯이 영어에 들어있는 소리와 문자 간에도 일정한 규칙과 패턴들이 있습니다. 이 규칙과 패턴을 인지하고 나면 글을 읽는 일뿐 아니라 모르는 단어들을 속도감있게 정복해 가는데에도 많은 유익이 있습니다. 파닉스를 잘 모르고 자란 세대들은 단어를 무조건 외움으로써 영어를 읽게 되었고, 글은 읽게 되었지만 shark에서 ar이 모음(군)이라는 사실도, sight에선 igh가 통째로 long/i/라는 것과 vision에서 si는 /zh/소리가 나는 자음(군)이라는 것도 모르고 무조건 외워 영어를 유창하게 읽을 수 있기까지 상당한 시간이 걸렸습니다.

따라서 통으로 글을 읽고 외우면서 철자에 대한 이해를 하게 될 수도 있지만 더 효과적으로 글을 익히려면 구체적이고 직접적인 방법으로 철자와 소리에 대한 정보 및 학습의 기회(예: th, ng, sh, ee, ar 등)를 주는 것이 효과적입니다.

파닉스는 아이들이 읽은 텍스트에서 발췌하여 다뤄보는 방법도 있지만(영어독서지도 시간엔 이런 언어활동을 필요로 하지만) 문자 훈련을 위해 만들어진 파닉스 교재를 정하고 책을 따라가면서 순차적으로 소리와 철자를 다루어 줄 필요가 있습니다. 글을 읽을 수 있는 교사라면 교재의 진도에 따라 소리와 철자들을 다루는 일에는 큰 무리가 없을 것입니다. 그러나 소리와 문자에 관한 규칙을 알아두면 더욱 효과적으로 파닉스를 지도할 수 있으므로 아래 규칙들을 정리해봅니다.

1. 단어에서 음절(syllable)을 만드는 것은 모음입니다. 몇 음절로 된 단어인가는 모음소리가 몇 번 나는가에 의해 결정됩니다.

1음절로 된 단어	2음절로 된 단어	3음절로 된 단어	4음절로 된 단어
hat spring	monkey pumpkin	kangaroo elephant	watermelon helicopter

2. 알파벳 c와 g 다음에 모음 e, i, y가 오면 각각 /s/와 /j/ 소리가난다.

   예) cent, circuit, cymbal, gentle, giraffe, gym

3. 모음이 자음 사이에 끼어 있는 경우 그 모음은 대부분 단모음 소리를 낸다.

   예) cat, bed, pin, hop, bug

4. 모음으로 끝나는 단어의 경우 그 모음은 대부분 장모음입니다.

   예) we, be, go 등

5. 단어가 e로 끝나는 경우 그 e는 묵음이며, 바로 앞에 나오는 모음을 장모음으로 바꾸는 역할을 합니다. 예) cape, rake, mole, tube…

6. 모음 두 개가 붙어있는 경우 그 모음은 대부분 장모음이며. 이 경우 뒤에 있는 모음은 묵음이 되면서 앞에 있는 모음을 장모음화하는 역할을 합니다. 예) tail, seal, jeep, boat…

7. 알파벳 r, w, y는 단어의 처음에 오는 경우에만 자음이 되며, 모음 바로 뒤에 따라오는 경우, 모음과 함께 하나가 되어 모음군을 이룹니다.

예) card, bird, turn, saw, dew, snow, cow, say, key, toy, guy 등

8. 알파벳 q는 대부분 u를 동반하며 둘이 하나가 되어 /kw/ 소리를 낸다.

   예) queen, quiz, quilt, question

9. 단모음 다음엔 알파벳 k나 j가 오지 않으며 이런 경우 알파벳 k와 j는 각각 ck, dge로 바뀐다. 예) sack, pick, stuck, badge, edge, hedge, sledge, ridge 등

10. 단어는 u나 v로 끝나지 않으며 이런 경우엔 묵음 e가 붙는다.

    예) glue, dove, curve

11. 알파벳 x는 대부분 단어 끝에만 오며 /ks/소리를 낸다.

    예) fax, box, mix (x가 앞에 오면 /z/ 소리를 냄. 예: xylophone)

12. 장모음에서 알파벳 s는 대부분 /z/ 소리를 낸다.

    예) rise, nose, fuse (예외 있음: case, vase 등)

13. 단모음 다음에 f, l, s, z가 오는 경우 대부분 그 철자는 두 번 표기됩니다.

    예) puff, gruff, ball, doll, miss, class, jazz, buzz

14. 알파벳 i와 nd가 만나는 경우와 알파벳 o와 ld, ll, lt, st가 만나는 경우, 그 모음은 장모음 소리를 낸다. 예) kind, blind, bold, roll, bolt, post….

15. 복모음 er, ir, ur은 모두 /er/ 소리를 낸다. 예) her, bird, nurse

16. wor에 있는 or은 w의 영향을 받아 /er/ 소리를 낸다. 예) word, worm

그림책과 영어독서지도

chapter 7

단어
Words

The limits of my language means the limits of my world. Ludwig Wittgenstein

단어란

읽고 쓰는 문자 언어의 시작이요 또 마지막입니다. 낯선 언어와의 인연을 시작할 때 우리는 단어부터 인지하기 시작했으며 또 문자 언어와 함께하는 지식의 마지막도 결국은 어휘력입니다.

파닉스를 통해 음가를 익히고서 이제 막 읽기와 쓰기를 시작한 이들은 어떻게 단어와의 인연을 맺어야 하고 또 어떻게 효과적으로 단어를 인지할 수 있을까요? 파닉스를 한 번 훑고 나면 바로 단어 리스트를 나눠주고 외우게 하는 것도 문제이지만 단어에 대한 이해(word concept)가 부족한 아이들에게 무조건 외워야 할 단어 리스트를 주는 것은 더 문제입니다. 읽기가 시작된 아이들, 이들의 어휘력이 확장되게 하려면 단어에 대한 현명한 접근과 지도가 필요합니다.

단어와의 멋진 만남을 위해

우리가 접하는 글 속에 들어있는 단어들은 크게 두 종류로 나눌 수 있습니다. 하나는 문장에서 핵심적인 역할을 하는 Content Words(예: dog, sun, friend…)이며 다른 하나는 핵심단어 사이에 끼어 단어와 단어를 이어주는 기능을 하는 Sight Words (예: in, on, of, by…)입니다.

<u>This is the</u> **way** <u>I</u> **brush** <u>my</u> **teeth**.

Content Words: **way, brush, teeth** 처럼 문장을 끌고 가는 핵심 단어들
Sight Words: **this, is, the, I, my**처럼 대명사와 be 동사, 전치사와 관사 등 단어와 단어 사이 연결 고리 역할을 하는 기능어들

1. 핵심 단어 (Content Words)

문장의 핵심이 되는 단어들의 어휘력을 높이는 길은 책보다 좋은 것이 없습니다. 포스터나 카드가 주는 단어는 감동이 없어 오래가지 못하고 머지 않아 익히는 과정조차 싫어지게 만들기 때문입니다. 스토리 속에서 만나는 동물들이 좋다면 아이들은 porcupine이나 dinosaur 등 긴 단어도 마다하지 않고 이들의 이름과 이들을 표현해주는 형용사까지 외워버릴 것입니다.

아이들은 파닉스 과정을 통해서도 읽기 쉽고 흔히 등장하는 많은 기초 단어를 익히게 될 것입니다. 문자 교육(파닉스) 과정에 (예: bus, bee, bug, bed, bat 등)이 단어들은 소리와 철자 인지를 위해서도 필요하지만 아이들이 읽게 될 책에서도 계속해서 등장하는 핵심 단어들이므로 발음당 5~6개 정도는 단어의 의미도 함께 인지하도록 도와주면 좋습니다.

효과적인 키워드(Content Words) 지도법

① 동화책이나 파닉스 수업 중에 등장하는 단어들을 한 번에 5~6개 고릅니다.
② 다양한 카드 놀이를 통해 단어를 인지하도록 합니다.
③ 받아쓰기 등을 통해 철자를 정확히 인지할 수 있게 해줍니다.
④ 파닉스가 끝나고 난 시점부터는 어휘력 향상을 위한 보다 체계적인 지도가 필요합니다.
　　[체계적인 어휘 지도]는 [유창성] 다음 단계인 [어휘 개념]에서 정리해보기로 하겠습니다.

*본격적인 어휘(academic vocabulary) 훈련은 다음에 등장하는 Word Study에서 다루기로 하겠습니다.

2. 빈출 기능어 (Sight Words)

빈출 기능어란 in, on, of, the 등 우리가 읽는 글에 50% 이상 등장하는 단어들을 일컫는 말입니다. 1950년을 전후하여 그림책의 시대가 열리면서 아이들이 통으로 된 문장들과 친해지면서 미국의 언어학자였던 Edward William Dolch는 그의 저서 Problems in Reading 이란 책에서 아이들이 읽는 책에서 가장 많이 등장하는 빈출기능어(Sight Words) 220개와 가장 많이 쓰이는 명사(Commonly Used Nouns) 95개를 소개해주었습니다. 그가 만들어 놓은 이 리스트는 닥터 수스와 같은 그림 동화 작가들이 아이들의 작품을 만드는 데 중요한 기준이 되었으며 문자 교육을 하는 교사들도 적극 활용하고 있습니다. 그가 소개한 빈출기능어(Sight Words)란 어떤 것인지 정리해보면 다음과 같습니다.

a. 우리가 읽는 글에서 50% 이상을 차지하지만 특별히 중요한 의미를 갖지도 않으며 그림으로도 표현할 수 없는, 그리고 단어와 단어를 이어주는 역할을 하는 기능어들입니다.

b. 책을 유창하게 읽게 되면 전혀 신경쓰지 않게 될 기능어에 불과하지만 글을 배우고 있는 아이들에게는 계속해서 읽기를 방해하는 골치 아픈 장애물일 수 있습니다.

c. 기능어들의 중요성을 강조하는 "Look-Say Approach" 교수법에선 Sight Words란 글을 읽기 시작하는 아이들을 유창한 리더(reader)로 끌어올리는 데 결정적 역할을 한다고 주장합니다.

d. 아기 때부터 책을 많이 접한 아이들은 "이 글자는 원래 알아요!" 하면서 상당 수 자연스럽게 익힌 단어들입니다.

e. 이 기능어들은 사과나 버스처럼 그림으로 구현할 수 있거나 중요한 의미가 있는 단어도 아니어서 아이들에겐 재미없는 단어들입니다.

f. 이 기능어들은 파닉스를 배우는 시점에서 하루 2~3개씩 서서히 노출시켜 주어야 합니다.

기능어 지도법

① 자연스러운 기능어 인지를 위하여 책을 꾸준히 읽도록 합니다.

② 책과의 경험이 충분하지 않았던 아이들은 문자교육이 시작될 때 하루 2~3개씩 함께 익히도록 합니다.

③ 오늘의 기능어 한 가지 골라 읽고 써보게 하고 문장에 넣습니다. 문장에 맞는 그림도 그려 보게 합니다.

④ 카드로 만들어 교사가 말하는 단어 집어가기 등의 놀이를 합니다.

⑤ 바닥에 카드를 놓고 징검다리처럼 카드 위로 콩콩 뛰어 다니며 읽어보게 합니다.

⑥ 나무 스틱을 연결하여 단어를 적어둔 후 스틱을 이어 교사가 말하는 단어를 만들어보게 합니다.

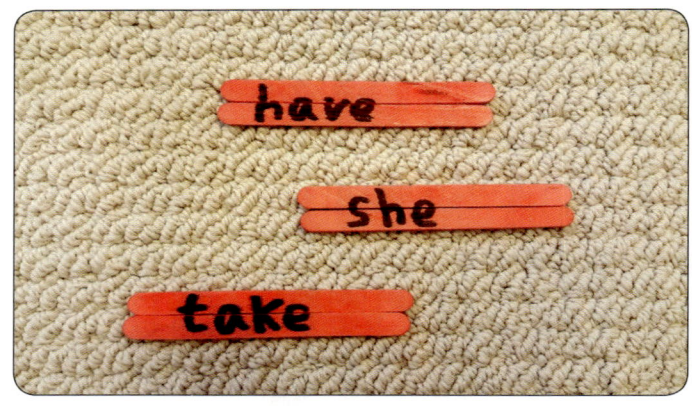

⑦ 빈출어 문제를 풀거나 받아쓰기를 합니다.

what	see	you

see	seal	mall	you
sock	see	what	tide
move	what	see	bill
what	mole	you	see
you	see	mole	what
see	what	call	see

What do you see?

Sight Words

Name _____

1 _____ 6 _____

2 _____ 7 _____

3 _____ 8 _____

4 _____ 9 _____

5 _____ 10 _____

⑧ 마카로니나 콩, 모루, 플레이콘, 알파벳 쿠키 등을 이용하여 글자 만들기를 합니다.

  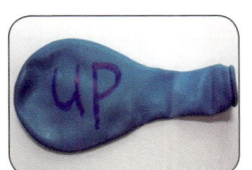 

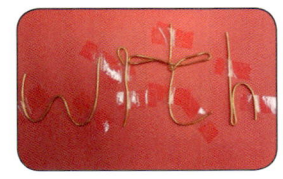  

⑨ 빈출어 익히기를 위한 빙고 게임을 합니다.

Sight Word Bingo

see	my	she	are	the
for	as	in	as	and
am	not	♥	they	on
be	can	get	have	let
we	said	us	I	you

파닉스와 빈출어 활동은 읽기로 가는 직접적인 학습 활동어 양날개와 같습니다. 단계별 파닉스와 더불어 재미난 놀이와 함께하는 빈출어 활동이 지속적으로 진행된다면 아이들의 읽기 실력은 빠르게 성장할 것입니다. 성공적인 문자 교육, 즉 다닉스와 빈출어 활동의 핵심은 ① '오늘의 철자'를 소개하는 일과 ②익힌 철자를 수첩과 카드 등에 기록해두고 지속적으로 복습시키는 일, 그리고 받아쓰기 등을 통해 ③철자를 기록하게 하는 데 있습니다.

**No skill is more crucial to the future
of a child than literacy.
— Los Angeles Times**

그림책과 영어독서지도

chapter 8

유창성
Sentence Fluency

The more that you read, the more things you will know. The more that you learn, the more places you'll go. *Dr. Seuss*

1. 유창성이란?

유창성(Reading Fluency)이란 글을 빠르고 정확하게, 그리고 운율을 살려 읽어낼 수 있는 능력을 의미합니다. 아이들이 글을 조금씩 읽기 시작하였다면 본격적인 독서를 위해 글을 유창하게 읽게 하는 일이 무엇보다 우선되어야 합니다. 글을 유창하게 읽을 수 있어야 비로소 온전히 글의 내용에만 집중할 수 있게 되기 때문입니다. 전문가들은 글을 읽기 시작한 아이들을 '두 발 자전거를 막 타기 시작한 아이들'에 비유합니다. 이들이 자전거를 잘 타려면 무엇보다 속도를 낼 수 있어야 하는 것처럼, 읽기가 막 시작된 아이들에겐 읽기의 속도를 늘리는 것이 가장 중요하다는 것입니다.

SSR(Scientistic Studies of Reading) 전문가들은 실험을 통해 아래와 같은 통계를 발표한 바 있습니다. 이들은 아이가 글을 잘 읽게 하려면 '책 읽는 시간' 자체를 많이 확보해 주는 것이 가장 중요하다고 말합니다. 읽기를 막 시작한 아이들을 중심으로 이들은 다음과 같은 독후활동을 몇 개월간 진행하였는데, 말로 요약하는 수업, 빈칸에 정답을 채우는 수업, 질의 응답형 수업, 그리고 소리 내어 반복 읽기만을 한 수업을 비교한 결과 다음과 같은 결과가 나왔다는 것입니다.

Oral Reading Fluency Correlation
Fuch, Hosp, & Jenkins, SSR, 2001

교수방법	(독서)능력평가
스토리 리뷰와 요약	70%
빈칸 채우기 (문제 풀이)	72%
질의와 응답	82%
소리내어 읽기를 반복하기	91%

이들이 말하는 독서 능력이란 무엇을 말하는지 정확히 설명하고 있지 않지만 이 도표는 글을 읽어내는 능력뿐 아니라 스토리 이해 측면에서도 반복 읽기는 분명 독서 능력 향상에 큰 효과가 있음을 보여줍니다. 스스로 글을 읽기 시작한 아이라면 모든 것을 잠시 뒤로 하고 '소리내어' 글을 읽는 일에만 집중하게 할 필요가 있습니다.

그럼 어떤 텍스트로 어떻게 읽기 연습을 하게 하면 좋을지 정리해 보겠습니다.

2. 유창성 계발을 위한 핵심 활동

① 단계에 맞는 적절한 책(Phase-Cued Text)

아이들이 글을 조금씩 읽게 되면 부모나 교사들은 욕심을 내어 아이에게 부담스러운 책을 선정해주는 경우를 많이 보게 됩니다. 이렇게 되면 읽기도 느려지고 읽는 재미도 없어 아이들은 읽기를 싫어하게 될 것입니다. 유창성을 계발시켜 주는데 있어 필요한 것은 부담을 주지 않으면서도 읽기 훈련에 적절한 쉬운 책을 골라주는 일입니다. 글을 읽어도 무슨 뜻인지 모를-영어가 모국어가 아닌-아이들에게 적절한 유창성 계발용 책은 무엇일까요?

a. 부모가 읽어주던 익숙한 영어 그림책

부모가 읽어주는 것을 아이가 혼자 읽어볼 기회를 주면 아이는 큰 보람과 성취감을 느끼게 될 것입니다.

b. 이미 알고 있는 클래식 명작 동화

The Ant and the Grasshopper, The North Wind and the Sun과 같은 클래식은 영어로 읽어 둘 필요가 있으며 읽으면 무슨 이야기인지 대충 알기 때문에 영어가 모국어가 아닌 아이들에겐 최고의 읽기 연습용 도서입니다. 다만 너무 글 밥이 많거나 적은 명작 동화보다는 적절한 분량으로 이루어진 명작 동화(한 페이지에 4~5줄, 3~40단어 정도)를 접하게 해줍니다. (앞에 소개해 둔 명작동화 참조)

c. 지식 습득에도 직접적인 도움을 주는 논픽션 리더

사회, 과학, 생활, 상식 등을 다룬 논픽션 시리즈들은 학습(academic setting)에 직접적으로 등장하는 어휘들을 경험하게 해주고, 대부분 생생한 실물 사진으로 구성되어 있으며, 학문을 위한 지식과 정보를 제공하고 있어 읽기 연습을 하는 동안 이차적인 학습 효과를 얻을 수 있습니다.(앞에 소개해 둔 논픽션 리더 참조)

② 샘플 리딩 해주기 (Model of Fluent Reading)

주어진 스토리를 먼저 멋지게 읽어줍니다. (앞에 소개한 책 읽어주기 팁 참조) 이번에는 아이의 손에 교사가 읽어주는 책이 놓여 있게 하고 교사가 책을 읽어주는 동안 아이는 손가락으로 교사가 읽어주는 내용을 짚어가면서 듣게 합니다.

③ 소리 내어 반복읽기 (Repeated-Oral Reading)

선생님이 읽어준 내용을 듣거나 혹은 오디오를 듣고 따라 읽기(Echo Reading), 교대로 읽기(Interactive Reading), 합창읽기(Choral Reading), 그룹 읽기(Group Reading), 짝지어 읽기(Pair Reading) 등 다양한 읽기를 통해 반복 읽기가 이루어지도록 도와줍니다.

여러 책을 다독하는 것 보다는 주어진 텍스트를 외울 정도로 한 권을 반복하여 읽게 합니다. 그렇게 하고 나면 글에 자주 나오는 and, for, the, but, of 등과 같은 빈출어는 물론 책에 자주 등장하는 문장 형태들이 익숙해져 또 다른 책을 접할 때 아이는 스스로 읽기가 달라졌음을 느낄 수 있고 놀라운 정도로 읽기 속도가 빨라진 것을 경험할 수 있을 것입니다.

④ 모니터링하기 (Monitoring)
아이들이 여러 방법으로 소리내어 글을 읽는 동안 교사는 아이들의 읽기를 감독해주고 막히는 부분이 나오면 읽기를 도와주어 읽기 속도가 붙도록 도와줍니다.

⑤ 중요한 문장 집중 연습하기
중요한 문장은 별도로 꺼내어 문장 만들기와 바꿔보기 등 문장 연습을 합니다.

a. 문장 만들고 써보기 (Sentence Building and Spelling)
- 긴 테이프 종이에 본문의 중요한 문장 하나를 기록합니다. 가능하면 모두가 볼 수 있도록 보이는 곳에 놓고 기록을 하고 기록하는 동안 아이들은 교사가 기록하는 내용을 읽게 합니다.
-문장을 기록하고 난 뒤엔 아이들과 함께 문장을 다시 읽으면서 교사는 스트립에 나온 단어들을 읽는 순서대로 하나씩 잘라낸다.
-교사는 잘라낸 문장을 아이들에게 보여주고, 아이들은 앞으로 한 명씩 나와서 잘린 단어를 집어들고 문장을 재구성하게 합니다. 다같이 만들어본 문장을 개인의 노트에 기록해보게 합니다.

I am going to the bakery.

b. 핵심 문장 반복읽기 (Drilling)

아이가 읽은 텍스트에서 중요한 의미를 갖거나 스토리를 대변해 줄 문장을 골라 아래와 같이 여러 번 반복하여 읽게 해주되 핵심 단어를 다르게 표시해줍니다. 같은 글이라도 어디를 강조하는가에 따라 의미는 살짝 달라지며 그렇게 강조점을 달리하여 읽는 동안 아이들은 이 문장을 더 잘 구현할 수 있게 될 것입니다. - 교사는 잘라낸 문장을 아이들에게 보여주고, 아이들은 앞으로 한 명씩 나와서 잘린 단어를 집어들고 문장을 재구성하게 합니다. 다같이 만들어본 문장을 개인의 노트에 기록해보게 합니다.

I am going to the bakery.
I **am** going to the bakery.
I am **going to** the bakery.
I am going to **the bakery.**

c. 묶어 읽기 (Chunking)

  핵심 단어와 구를 하나씩 묶어 문장을 연결시켜봅니다.

sing
I can sing
song
a birthday song
mole
for the mole
I can sing a birthday song for the mole.

| going |
| we are going |
| Jungle |
| To the jungle |
| Elephants |
| To see the elephantes |
| We are going to the jungle to see the elephants. |

d. 문장 바꾸기 (Sentence Change)

  문장의 일부분의 구절을 다른 용어로 바꾸어 읽게 합니다.

I can **sing a birthday song** for the mole.
I can **make a snowman** for the mole.
I can **bake some cookies** for the mole.
I can **build a house** for the mole.
I can **pick some apples** for the mole.

e. 문장 완성하기 (Sentence Completion)

아이가 읽은 텍스트에 나왔던 문장의 앞부분 절만 기록해주고, 나머지는 아이가 자유로이 완성하게 합니다. 아이가 완성한 문장을 그림으로도 표현하게 합니다.

⑥ 발표 읽기

a. 발표 읽기(Reader's Chair)

자원하는 아이를 중심으로 앞에 나와 친구들에게 책을 읽어주게 합니다. 앞에 나와 책을 읽는 아이에게 멋진 보상을 해줍니다.

b. 읽는 연극(Reader's Theater)

Reader's Theater는 유창성 계발을 위해 미국 초등학교 저학년 교실에서 적극 활용하고 있는 학습 활동입니다. Reader's Theater는 일반 연극과는 달리 대사를 외우지 않으며 대본을 들고 읽는 연극을 합니다.

읽는 연극은 아이들의 유창성 계발에 큰 도움을 줍니다. '외우지 않고 읽는' 연극이기 때문에 무대에 서는 아이들에게 부담이 없고 책 한 권을 마칠 때마다 자주 할 수 있어, 읽기 연습이 필요한 아이들의 유창성 계발에 탁월한 효과를 볼 수 있습니다.

미국에선 DEAR(Drop everything and Read), SSR(Sustained Silence Reading) 등 책 읽는 아이들을 위한 적극적인 독서 캠페인을 벌이고 있습니다. 책이 과제가 아니라 즐거움이 되게 해주고, 영어를 잘 읽는 것에서 끝날 것이 아니라 일생의 독자로 살아가는 글로벌 리더(reader)가 되도록 바람직한 영어 독서 환경을 만들어즐 수 있길 기대합니다.

> **Literacy is one of the greatest gifts
> a person could receive"**
> *Jen Selinsky*

그림책과 영어독서지도

chapter 9

워드 스터디
Word Study

Working with words is highly linked to successful reading. *Jim Trelease*

1. 워드 스터디란?

파닉스와 워드 스터디는 읽기를 위해 연결된 하나의 학습 영역이기도 합니다. 철자를 조합해서 단어(짧은 한 음절의 단어)가 되는 방법을 가르쳐주는 것이 파닉스라면, 아이가 읽어야 하는 긴 단어들(2음절 이상의 단어들)을 다루는 것이 워드 스터디이기 때문입니다. 글로벌 지식 사회에선 어휘력 자체가 경쟁력입니다. 어휘력을 키우려면 어떤 단어든 읽어낼 수 있어야하고, 무조건 외울 일이 아니라 단어들의 구성 요소들에 대한 사전 지식, 즉 단어가 길어진 데 따른 이유(합성어, 접두사나 접미사가 붙은 단어, 동사와 형용사의 변화로 인해 길어진 단어 등)를 알게 해주어야 합니다. 가령 unbelievable이란 단어가 있는 경우, believe란 단어 앞뒤에 un과 able이 붙은 것이란 사실을 아는 것과 모르는 것의 차이는 아주 큰 것입니다. 아이 가진 단어들을 읽고 쓸 수 있을 뿐 아니라 쏟아지는 어휘들을 잘 섭렵해가는 아이로 자랄 수 있게 하기 위해선 다음과 같은 훈련이 필요합니다.

① 음절별로 끊어 읽는 방법 가르쳐주기 (Syllabication)

긴 단어를 만나면 일단 음절 별로 끊어서 읽어보게 하거나 음절별로 나눠 놓은 철자카드를 조합하여 단어를 만드는 놀이를 해봅니다.

② **어휘에 관한 정보를 주고 손으로 기록하게 합니다. (Word Study and Spelling)**

popcorn은 pop과 corn이 합쳐진 단어입니다. biggest는 big이란 단어 뒤에 접미사가 붙어 만들어진 단어이며, indescribable은 describe(표현하다) 앞뒤에 in(not)과 able(can)이 붙어서 만들어진 단어('표현할 수 없는'이란 뜻을 가진)입니다. 이렇게 긴 단어들은 짧은 단어들이 합쳐졌거나 접두, 접미어가 붙어 만들어진 경우가 많은데, 이런 단어들은 어휘의 구성 요인을 먼저 이해하도록 해줍니다.

③ **사전에서 뜻을 직접 찾아보게 하고 샘플 문장을 만들어보게 합니다. (Definitions and Sample Sentences)**

교사가 뜻과 예문까지 만들어 제공한 50단어보다 아이가 직접 찾아보고 샘플 문장까지 만들어본 15단어가 장기적으로는 더 큰 효과를 나타냅니다. 읽기가 시작된 초기 리더들이(beginning readers) 읽는 책에서는 사전을 필요로 하는 단어들은 그리 많지 않습니다. 문맥을 통해 알아갈 만한 after, even, without, across, beyond와 같은 단어들은 문장에서 익히도록 하고 hibernate, canopy와 같이 사전적 용어 정리를 필요로 하는 단어들만 찾아 익히도록 합니다.

<사전과 함께하는 활동>

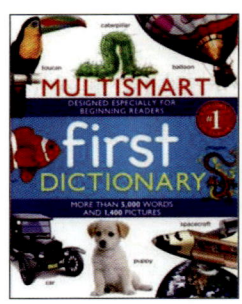 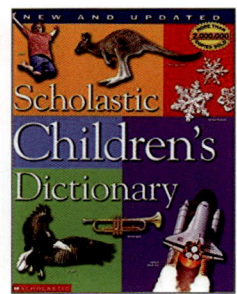 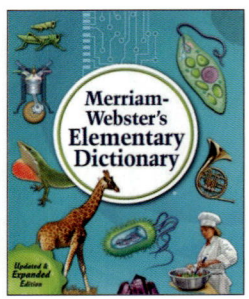

migration - movement of people	
Ice Ages were really cold and had glacier.	
Beringia is the land bridge joining the two continents.	Asia Beringia Alaska
nomads - hunters who have no settled home	
Bible is a book that has the story of creation of how world was made.	Bible
archeologists - sientists who study the cultures of people lived long ago	
Mammoth - a giant hairy elephants that lived two million years ago and ended about	

④ 연관 단어 확장해보기(Word Extension)

학문적인 용어나 토론이 필요한 단어의 경우, 연관 단어들을 열거해보게 하여 단어의 의미와 개념을 정리해주고 지식이 함께 성장하도록 도와줍니다. 이렇게 하면 언어와 지식이 함께하는 이중적인 교육효과를 볼 수 있습니다.

<핵심 단어 인지 활동>

LESSON 1 CLASSIFYING

Why Classify?
Classifying help to be easier to find and share information about them

The Five Kingdoms
1. Animals
2. Plants
3. Fungi
4. Protists
5. Monerans

LESSON 2 CLASSIFYING ANIMALS

Animals with Backbones Are Called vertabrates

Examples
1. bear
2. lion
3. human
4. rabbit
5. wolf

Animals Without Backbones Are Called invertables

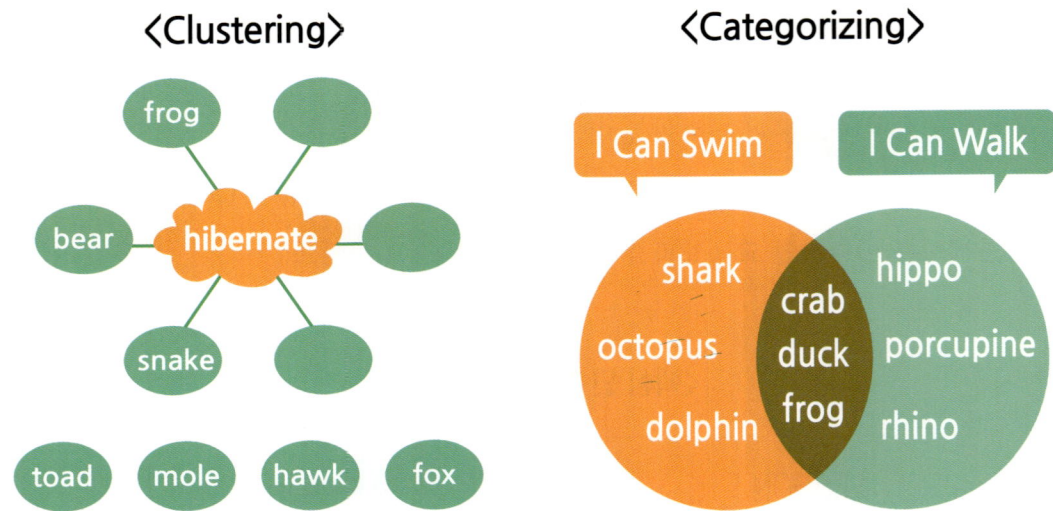

bedroom	bed, closet, pillow, lamp, mirror
playground	slide, swing, seesaw, sandbox
garage	wrench, hammer, paintbrush, shovel

⑤ 단어들을 읽고 난 후에 반드시 기록하게 합니다.

단어를 기록하는 동안 아이들은 단어의 의미뿐 아니라 단어에 대한 정확한 개념을 갖게 되고, 철자까지 익힐 기회를 얻게 될 것입니다.

2. 단어 유형 및 핵심 활동 (Kind of Words and Key Activities)

단어들이 어떻게 길어졌는지 유형별로 살펴보고 이런 단어들은 어떻게 다뤄주면 좋은지 정리해보도록 하겠습니다.

긴 단어들은 먼저
① 음절별로 끊어 읽게 도와주고,
② 단어에 대한 개념을 이해하도록 도와주며,
③ 같은 유형의 단어를 몇 개 더 소개합니다.
④ 카드 놀이를 통해 단어 원형과 분리, 조합하는 연습을 합니다.
⑤ 앞에서 설명한 바와 같이 쓰기를 통해 정확하게 철자를 인지하게 합니다.

① 합성어 (Compound Words)

합성어란 water+melon이나 rain+bow처럼 두 개 이상의 단어가 모여 새롭게 만들어진 단어입니다. (샘플 단어들은 검색창에서 Compound Words for Beginning Readers 로 검색)

star	fish		bath	tub	
sail	boat		pop	corn	
fire	place		rain	bow	
paint	brush		water	melon	

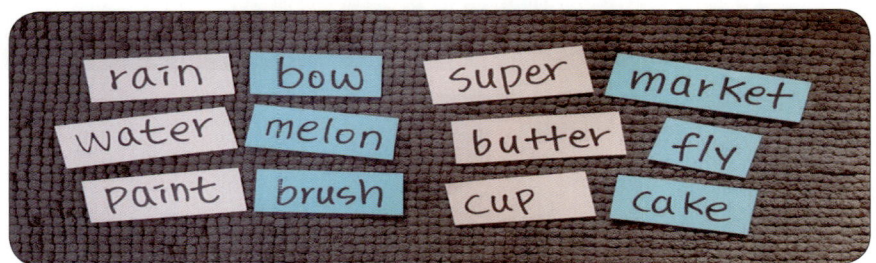

② **복수 (Plurals)**

복수 명사에는 -s, -es, -ies 등을 붙입니다. 그리고 복수 중엔 불규칙적으로 변하는 복수도 있습니다. 처음엔 -s가 되는 복수 단어부터 익히고 -es, -ies가 붙는 단어들, 그리고 불규칙적으로 변하는 단어들을 점차적으로 다뤄줍니다.

예: bug+s→bugs, fox+es→foxes, bunn(y)+ies→bunnies

　　fish→fish, goose→geese, mouse-mice 등

〈복수 명사 만들어보기〉

〈불규칙적으로 변하는 명사 매칭하기〉

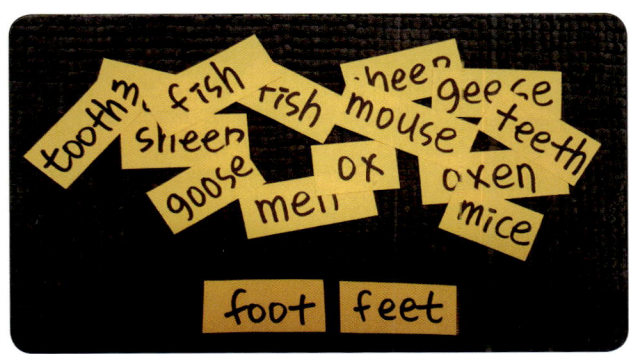

③ 동사변화 (Inflectional Endings)

3인칭 단수나 과거형으로 변하는 동사 뒤에 접미사가 붙습니다.

<동사 변화 매칭하기>　　　　　<불규칙적으로 변하는 동사 매칭하기>

④ 비교급과 최상급 (Comparative & Superlative Adjectives)

아이들이 읽는 글에서 비교급이나 최상급을 사용하는 어휘가 나오면 아래와 같이 좀 더 많은 형용사들을 모아 정리해줍니다.

<비교급과 최상급 형용사 나열해보기>

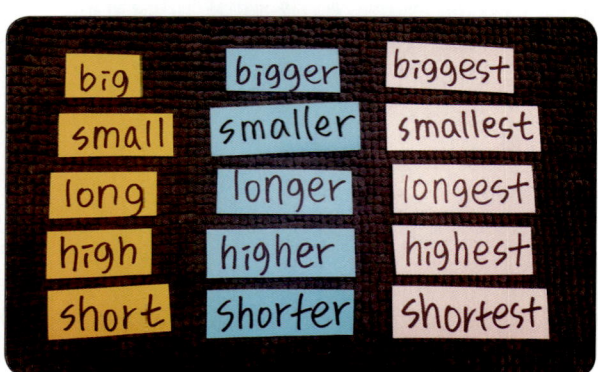

⑤ 줄임말 (Contractions)

둘이 모여 하나가 된 단어들이 나오면 이런 유형들을 모아 정리해줍니다.

<줄임말 조합, 분리해보기>

⑥ 접두사와 접미사 (Prefixes and Suffixes)

동사와 형용사, 부사의 앞 뒤에 붙는 접두, 접미어도 익혀봅니다.

<접두어와 접미어 조합, 분리 놀이>

⑦ **동의어와 반의어 (Synonyms and Antonyms)**

동의어와 반의어 어휘들은 묶어서 함께 익히게 해주는 것이 좋습니다.

예: talk-say, pretty-beautiful, hard-difficult, up-down, in-out, happy-sad 등

<동의어 매칭하기>　　　　　　<반의어 매칭하기>

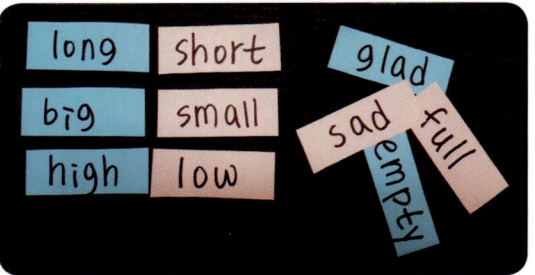

⑧ 동음이의어와 동형이의어 (Homophone, Homonym, and Homograph)

소리는 같으나 철자와 의미가 다른 단어(homophone), 또는 철자와 소리는 같지만 의미가 다른 단어(homonym), 그리고 철자는 같지만 소리도 의미도 다 다른 단어들(homograph)이 있습니다.

HOMOPHONE	HOMONYM	HOMOGRAPH (heterophone)
소리만 같고 철자와 의미는 다른	소리와 철자가 같으나 의미는 다른	철자만 같고 소리와 의미가 다른
hare-hair	can	bow
write-right	fly	tear
to-two	band	live
bare-bear	date	wind
buy-by	fair	learned
won-one	share	lead
hear-here	face	read
year-ear	bat	desert
sight-site	ring	present
dear-deer	chip	record
pair-pare	cool	
whole-hole	fall	
tale-tail	nail	
sea-see	park	
bee-be	well	
pair-pear	spring	
eye-I	match	

동음이의어1 (Homophone)

동형이의어2 (Homonym)

아이들이 알지도 못하고 이해도 안 되는 단어들을 무작정 외우는 모습을 자주 목격하게 됩니다. 무턱대고 많이 외우게 하는 것보다 스스로 의미를 찾아보고 샘플 문장도 만들어보고 또 어휘에 대한 기초 지식을 갖도록 도와준다면 어휘 개념을 가지고 단어를 익히게 된 아이들은 더 많은 단어를 더 빨리 익힐 수 있게 될 것입니다.

> **Success is the sum of small efforts,
> repeated day in and day out.**
> *Robert Collier*

그림책과 영어독서지도
chapter 10

텍스트 이해
Comprehension

Comprehension is the essence of reading and active process of constructing meaning from text. *Durkin D.*

텍스트 이해 (What is comprehension?)

책을 읽고 이해하는 일을 독서의 에센스(Essence)라고 말합니다. 텍스트를 읽을 때 우리는 소리와 문자, 어휘와 문장 등 다양한 언어적인 요소들을 필요로 하는데 이는 모두 글을 잘 이해하기 위한 것이기 때문입니다.

글을 이해한다는 것은 단순히 주어진 문장들을 읽고 해석하는 것을 의미하지 않습니다. 아이들이 글을 어느 정도 읽을 수 있게 되면 앵무새처럼 읽기만 반복시킬 일이 아니라, 글을 보는 눈을 키워줘야 합니다. '글 속에 담긴 내용과 의미들을 보다 심도있게 끌어내는 작업을 통해 아이들은 비로소 책을 읽어야 하는 진정한 독서의 재미에 빠져들게 되기 때문입니다.*

글을 이해한다는 것은 텍스트에 깔린 등장인물이나 배경, 인과 관계, 결말 등 다양하고 복잡한 요소들을 이해하는 것이며 따라서 이런 일들은 글 읽기 전부터 시작하여 글을 읽는 동안에(흐름 파악, 예측 등) 그리고 글을 읽고 나서(정리, 분석, 토론 등)까지 이어지는 통합적인 과정을 필요로 합니다.

아이들이 비록 제2의 언어로 영어를 배우고, 아직은 읽어내기에 급급한 단계라 해도, 글을 잘 이해하고 분석할 수 있는 방법을 가르쳐주는 것은 뒤로 미룰 일이 아닙니다. 소리와 문자, 단어와 문장뿐 아니라 텍스트를 보는 훈련이 함께할 때 이 둘은 상호보완적인 힘을 갖게 되며 통합적인 독서훈련이 되기 때문입니다.

---

* Miller, Debbie. *Reading with Meaning*. Portland: Stenhouse Publishers: Debbie Miller. 2002. pp.93-104

텍스트 이해를 위한 단계에 작업은 다음과 같습니다.

1. 읽기 전: 등장인물과 배경 살피기, 텍스트(또는 그림) 미리 들여다보기.
2. 읽는 동안: 내용 파악하면서 읽기, 앞뒤 상황 비교, 추론하기.
3. 읽은 후: 스토리 정리하기, 분석하기.

읽기 전 (Before Reading)

글을 읽기 전엔 무엇보다 읽을 텍스트에 대한 사전 지식을 갖게 해주는 것이 중요합니다. "아는 만큼 보이기" 때문입니다. 그러므로 미리 제목과 표지 그림, 내지도 필요한 경우 살펴보고 아이들의 관심을 이끌어낼 사전 읽기를 잘 진행해주도록 합니다. 사전 읽기 활동이란 다음과 같습니다.

Predicting(Picture Walking)

책 제목과 표지 앞뒤 그림을 살펴보고(Characters and Setting) 면지와 속표지, 그리고 내지 그림들도 일부 미리 들여다 봄으로써 스토리의 배경과 상황이 무엇이고 스토리가 어떻게 전개될지 미리 예측해보게 합니다.

Theme Connection

제목과 관련된 경험이나 지식을 간단히 나누게 하여 스토리에 대한 관심과 기대심을 높여줍니다. 예를 들어 Animals Should Definately Not Wear Clothing이란 책을 읽어주는 경우, 강아지가 입을 옷을 입혀보았는지, Noisy Nora의 경우, 나는 집에서 어떤 아이인지, How Much Is a Million?을 읽기 전이라면 숫자를 어디까지 셀 수 있는지 등을 짧게 물어봅니다.

  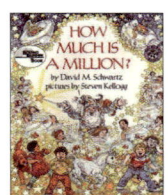

읽는 동안 (During Reading)

Asking Questions and Thinking Aloud

텍스트를 읽어가는 중간에 텍스트 내용과 흐름을 잘 파악하고 있는지 적절한 질문을 하거나 생각을 함께 나누고, 다음에 나올 내용이 무엇일지도 함께 추측해 봄(Think Aloud))으로써 이해를 돕습니다.

Act Out

(스토리인 경우) 캐릭터와 상황을 목소리, 표정, 몸과 손동작을 활용하여 표현해주고 중요한 단어들은 더 천천히 힘을 주어 읽어줍니다. 아이들이 글을 모르더라도 수시로 글자를 가리키며 읽어줍니다. 아이들이 글을 읽을 줄 알아도 스토리를 음미할 수 있도록 읽어줍니다. 학습을 위해 만들어진 정보 중심의 도서들은 중간 중간 관련 정보들을 나눠가면서 읽어주도록 합니다.

Pause

페이지를 넘길 땐 읽는 내용이나 다음에 벌어질 내용에 대해 잠시 생각할 시간(분위기 파악, 예측 등)을 주도록 합니다.

읽은 후 (After Reading)

Personal Reflection

읽고 난 뒤엔 무엇보다 텍스트에 대한 아이들의 느낌과 생각을 들어보도록 합니다. 아이들의 대답이 간단하더라도 이들의 답을 크게 여겨주고 더 자세히 설명할 수 있도록 격려합니다.

General Review

아이들이 읽은 텍스트엔 어떤 내용이 들어있었는지 말로, 또는 그림카드를 이용한 스토리텔링(retelling)으로, 간단한 질문과 답으로 리뷰해보도록 합니다.

Critical Understanding

7세 이상의 아이들인 경우, 스토리 내용을 정리하고 난 뒤, 스토리 속 인과 관계나 중심 아이디어 등, 스토리 내용을 분석할 기회를 제공하도록 합니다. 등장인물과 배경, 원인과 결과 등 스토리 속 구조와 흐름을 파악하는 기회를 통해 아이들은 언어와 지식이 함께 성장하는 기회를 갖게 될 것입니다. 글의 내용과 구조 파악을 위해 필요한 항목들은 다음과 같습니다.

① 등장인물과 배경(Characters and Setting)
② 중심 아이디어와 세부 내용(Main Idea and Details)
③ 이야기의 순서(Sequence)
④ 원인과 결과(Cause and Effect)
⑤ 비교와 대조(Compare and Contrast)
⑥ 문제와 해결(Problem and Solution)
⑦ 사실과 의견 (Facts and Opinions)
⑧ 추론(Making Inference)
⑨ 결론(Drawing Conclusion)
⑩ 저자가 하고 싶은 말 (Author's Point)

책을 읽을 때마다 위의 모든 항목을 한꺼번에 다 다룰 수는 없으므로 가장 핵심이 되는 항목을 골라 한 두 가지 요소들만 다루도록 합니다. 또한 보다 정확하게 이해할 수 있도록 자주 도표(Graphic Organizer)를 활용합니다. (다음에 등장할 도표를 참조할 것)

① **등장인물과 배경(Characters and Setting)**

모든 스토리엔 반드시 주인공과 배경 상황이 있으므로 어떤 동화로도 스토리 속 등장인물과 배경 살피기를 할 수 있지만, 특별히 한 주인공에게 다양한 상황이 펼쳐질 때 살피기로 하며 word-web과 같은 도표를 사용하면 좋습니다.

Dear Zoo — Rod Campbell	동물원에서 보낸 동물들은 어떤 동물들이었는지 열거해보고 그 특징도 기록해봅니다.
Willy the Dreamer — Anthony Browne	윌리는 어떤 꿈을 꾸었는지 정리해봅니다.
Hooray for Fish! — Lucy Cousins	아기 물고기는 어떤 물고기들을 만났는지 인상에 남는 것 다섯 개만 기록해봅니다.
I'm the Best — Lucy Cousins	주인공 개는 누구와 자신을 비교하였으며 자신이 그들과 비교하여 어떻다고 말하였는지 정리해보게 합니다.

⟨Dear Zoo⟩

I wrote to the zoo and they sent me…

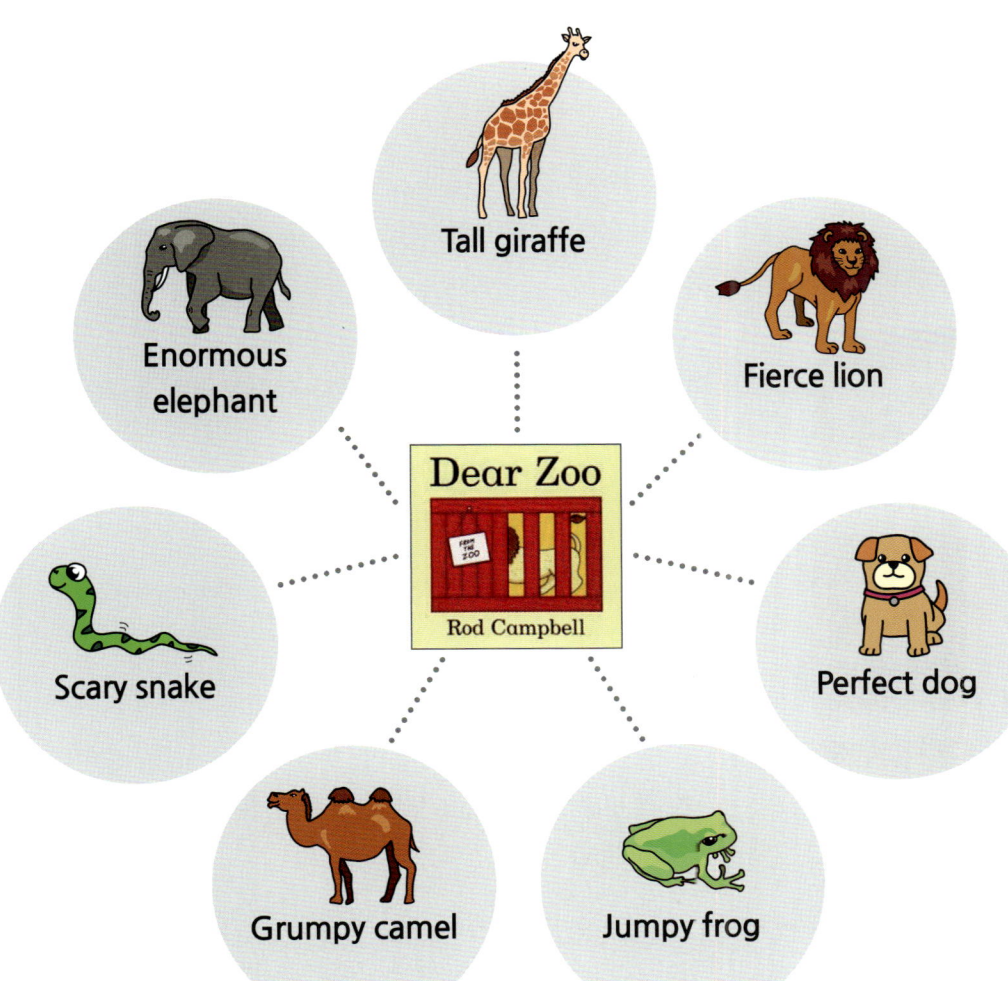

② 중심 아이디어와 세부 사항(Main Idea and Details)

모든 스토리엔 또한 중심 아이디어와 세부 내용들이 들어있습니다. 앞에서 언급한 주제를 풀어나가는 내용들이 일정한 패턴을 가지고 반복, 전개되는 경우 독후 활동에서 집중적으로 다뤄보도록 합니다.

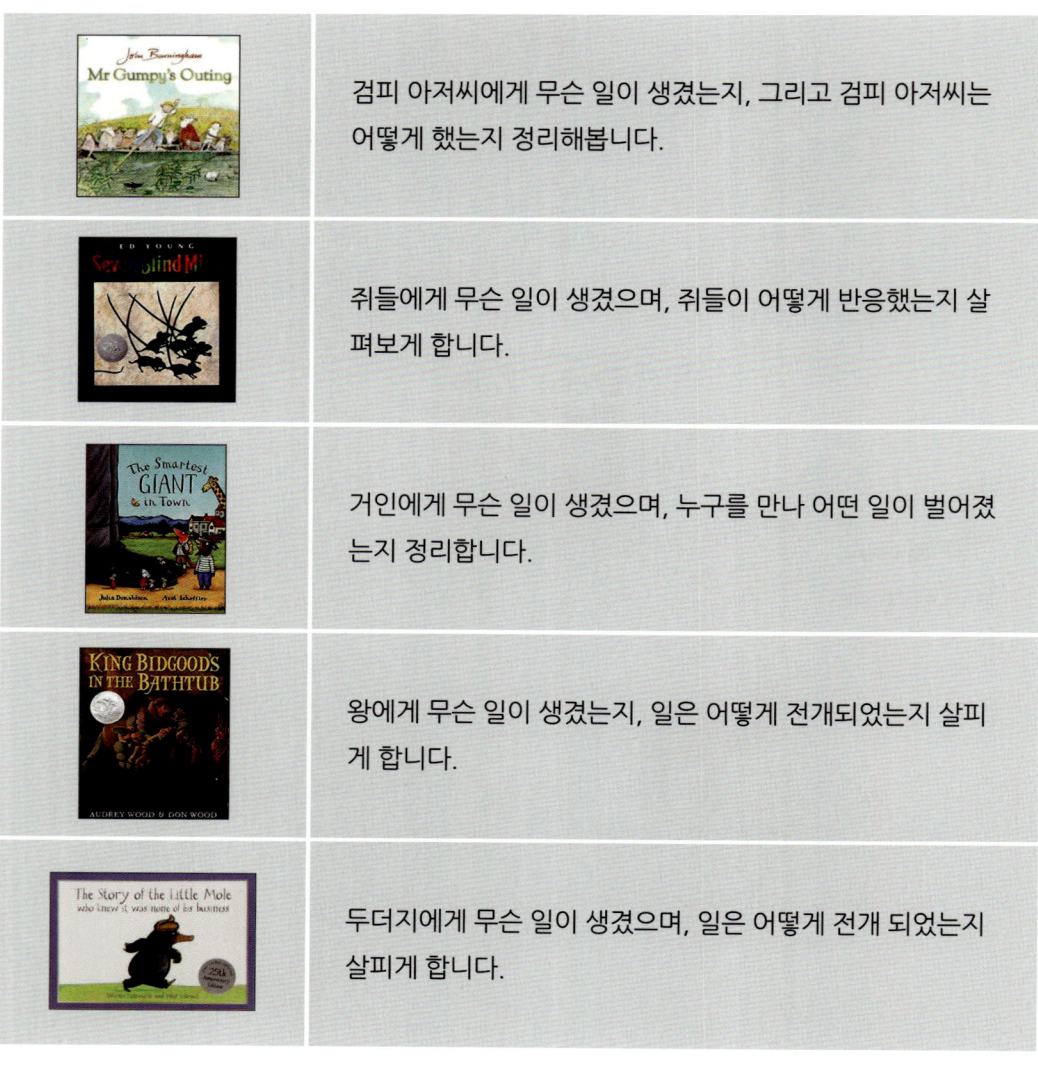

Mr Gumpy's Outing	검피 아저씨에게 무슨 일이 생겼는지, 그리고 검피 아저씨는 어떻게 했는지 정리해봅니다.
Seven Blind Mice	쥐들에게 무슨 일이 생겼으며, 쥐들이 어떻게 반응했는지 살펴보게 합니다.
The Smartest Giant in Town	거인에게 무슨 일이 생겼으며, 누구를 만나 어떤 일이 벌어졌는지 정리합니다.
King Bidgood's in the Bathtub	왕에게 무슨 일이 생겼는지, 일은 어떻게 전개되었는지 살피게 합니다.
The Story of the Little Mole	두더지에게 무슨 일이 생겼으며, 일은 어떻게 전개 되었는지 살피게 합니다.

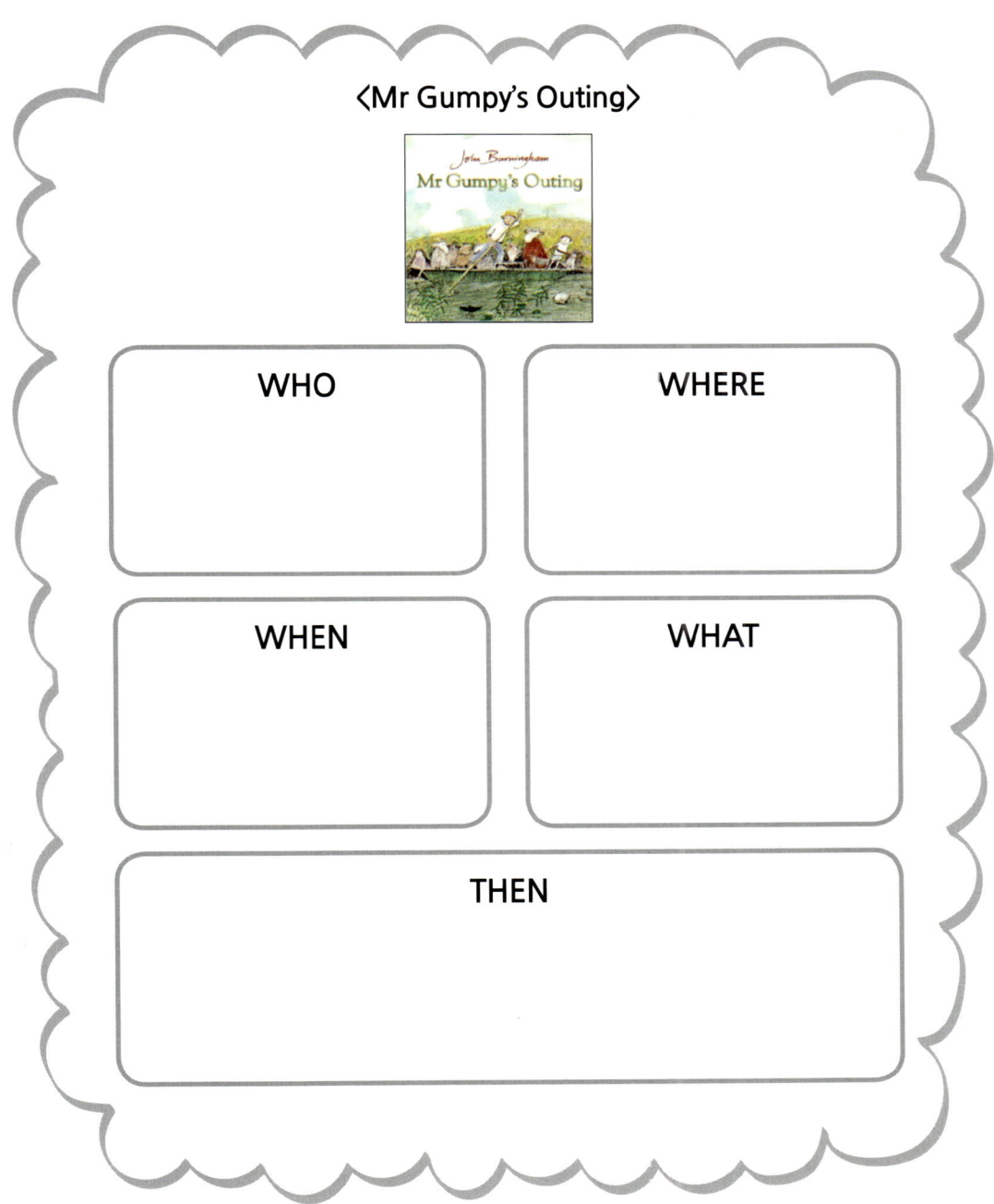

〈Mr Gumpy's Outing〉

| WHO | WHERE |
| WHEN | WHAT |

THEN

③ 이야기의 순서(Sequence)

모든 이야기는 기본적으로 일이 전개된 순서가 있으며 독서활동에선 일이 벌어진 순서대로 그림들을 붙여보게 하는 등 글의 순서를 정리하게 하는 작업을 많이 합니다. 어떤 글이든 스토리의 핵심 장면을 만들어 오려둔 후 아이들이 일이 벌어진 순서대로 붙여보게 합니다. 또한 앞에 벌어진 일과 뒤에 벌어진 일에 직접적인 원인을 제공하는 형태의 텍스트를 만난 경우 일이 벌어진 순서대로 정리해보게 합니다.

모두가 자고 있는 듯한 이 그림책에서 무슨 일이 일어났는지 (온라인에서 제공하는 그림을 다운받아) 스토리 순서(점점 커지는 캐릭터 순)대로 그림을 나열하고 스토리를 다시 말해보게 합니다.

쥐가 쿠키를 주고 나면 어떤 일이 생길 것이라고 말하는지 순서대로 정리해보게 합니다.

자기가 사는 연못이 작게만 느껴진 물고기는 바다로 가는 길에 누구누구(물에 사는 동물의 크기 순)를 만났는지 무슨 일이 있었는지 기록해보게 합니다.

제목은 좋은 어느 날인데… 여우에게 어떤 일이 생겼는지 일이 일어난 순서를 잘 기억하여 설명해보게 합니다.

⟨Napping House⟩

오려서 침대 위에 순서대로 올려놓습니다.

⟨The Enormous Turnip⟩

아래 그림들을 스토리 순으로 오려 붙이게 하고 무슨 일이 있었는지 말해보게 합니다. 문장 만들기를 어려워하는 아이의 경우 책에서 옮겨 써보게 합니다.

1	2	3	4

④ 원인과 결과(Cause and Effect)

좋은 일이든 나쁜 일이든 일정한 행동이 원인이 되어 일정한 결말을 이끌어내는 형태의 글(예: 개미와 베짱이, 토끼와 거북이 등)을 만나면 원인과 결과를 살피기 위한 도표를 그리고 내용을 정리해봅니다.

Once a Mouse	호랑이가 되기까지 많은 혜택을 누리던 쥐가 다시 원래의 모습으로 바뀌게 되는 이유를 살펴봅니다. 〈교훈: 주제를 알고 겸손한 사람이 되어야〉
Henny Penny	주인공 암탉과 그의 친구들(goose, duck, rooster, turkey)이 여우 소굴 속으로 사라지게 된 원인이 무엇인지 살펴봅니다. 〈교훈: 남의 말만 믿고 끌려다니면 안 됨〉
Hattie and the Fox	해티와 주변 친구들에겐 어떤 위험이 있었으며, 이들은 어떻게 반응했는지 결과는 어떠했는지 살펴봅니다. 〈교훈: 주변을 살피고 조심하는 자세가 필요함〉
There was an old lady	할머니가 죽게 된 이유가 무엇인지 생각하고 이야기를 나눠봅니다. 〈작은 문제가 생겼을 때 대충 무마하려 하지 말고 근본적으로 문제를 해결하려는 자세가 필요함〉
Sneetches by Dr. Seuss	스니치들이 사는 마을에 엄청난 갈등과 반목이 생긴 원인이 무엇이며 그 결과 이들에겐 어떤 일이 벌어졌는지 살펴봅니다.

⟨Once a Mouse⟩

Cause	Effects
What really was the problem of the story?	**How did it come to an end?**

⑤ 비교와 대조(Compare and Contrast)

서울쥐와 시골쥐, 토끼와 거북이 등 두 종류의 캐릭터를 비교하거나 대조하면서 진행되는 스토리의 경우 차트를 이용하여 비교해봅니다.

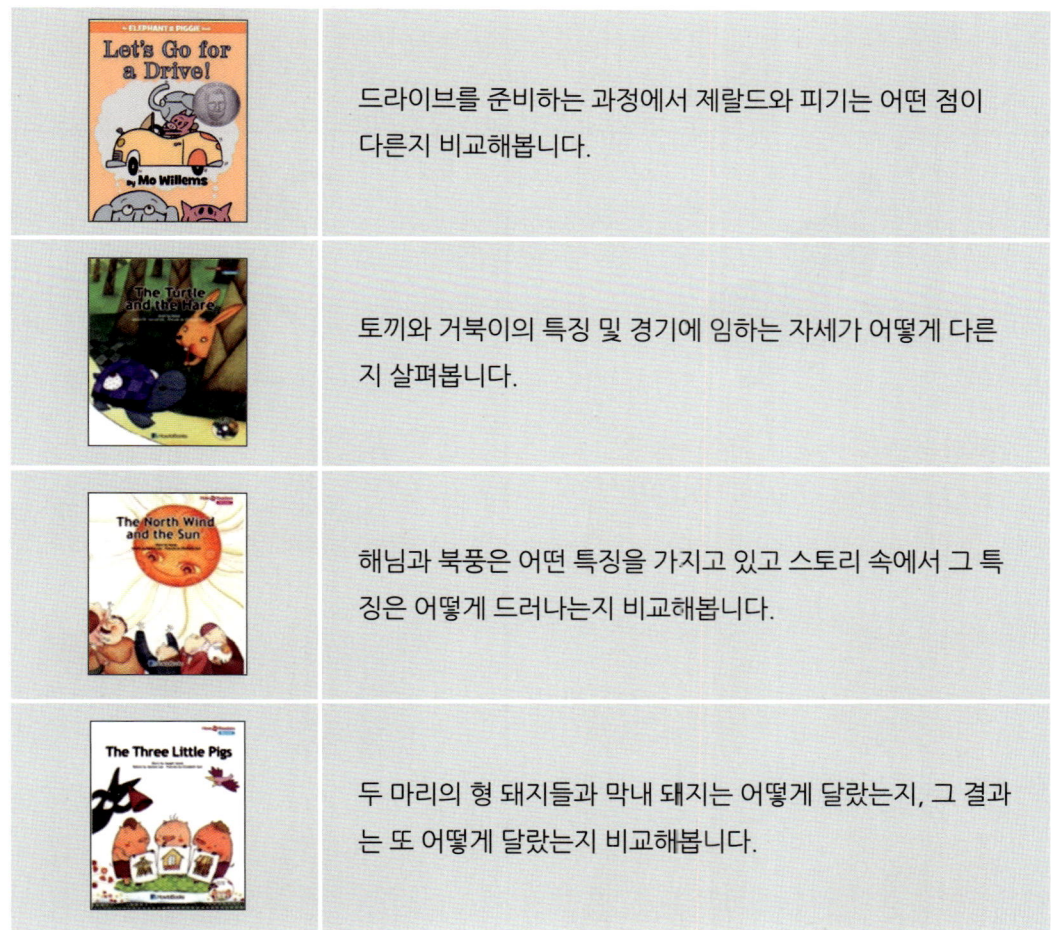

드라이브를 준비하는 과정에서 제랄드와 피기는 어떤 점이 다른지 비교해봅니다.

토끼와 거북이의 특징 및 경기에 임하는 자세가 어떻게 다른지 살펴봅니다.

해님과 북풍은 어떤 특징을 가지고 있고 스토리 속에서 그 특징은 어떻게 드러나는지 비교해봅니다.

두 마리의 형 돼지들과 막내 돼지는 어떻게 달랐는지, 그 결과는 또 어떻게 달랐는지 비교해봅니다.

⟨The Ant and The Grasshopper⟩

All About Ants and Grasshoppers

Ants	Grasshoppers
strong, busy	long legs, can jump

⑥ 문제-해결(Problem and Solution)

계속되는 문제들이 극적으로 해결되는 형태의 글을 만난 경우, 문제는 무엇이며 어떻게 해결되었는지 정리해보게 합니다.

KING BIDGOOD'S IN THE BATHTUB	이 이야기에서 왕의 문제는 무엇이며 어떻게 이 문제는 해결되었는지 기록해보게 합니다.
A GOOD DAY	스토리 속에선 어떤 문제가 생겼으며 이 문제들은 어떻게 해결되었는지 정리해봅니다.
CREEPY CARROTS!	스토리 속 쟈스퍼의 문제는 무엇이며 쟈스퍼는 이 문제를 어떻게 해결하였는지 나눠봅니다.
Swimmy	바다 속 물고기들에겐 어떤 문제가 생겼으며 이들은 이 문제를 어떻게 해결했는지 정리하봅니다.
STONE SOUP	스토리 속 군인들은 어떤 문제를 가지고 있었으며 이들은 이 문제를 어떻게 해결하였는지 정리해봅니다.

〈King Bidgood's in the Bathtub〉

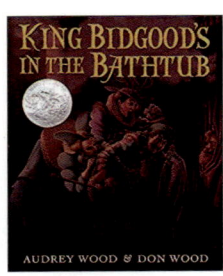

⑦ 사실과 의견(Facts and Opinion)

주어진 스토리에 대한 독자의 생각을 묻는(또는 요구하는) 형태의 글은 도표나 차트를 통해 의견과 사실을 정리하는 작업을 해봅니다.

Don't Let the Pigeon Drive the Bus!	비둘기의 고집스러운 부탁에 대해 아이들의 생각은 어떠한지 스토리에 나타난 실제적인 상황과 아이들의 의견을 나눠봅니다.
No, David!	주인공 David의 행동에 대한 아이의 생각은 어떠한지 나눠봅니다.
Pete the Cat	스토리 속 고양이 피터가 만난 상황은 무엇이며 무엇에든 긍정적인 피터에 대해 아이는 어떻게 생각하는지 의견을 나눠봅니다.
We Found a Hat	모자를 발견한 거북이들 사이에 어떤 일이 생겼는지, 모자에 대한 욕심을 내려놓은 거북이에 대한 아이들의 생각은 어떠한지 나눠봅니다.
Noisy Nora	노라가 말썽을 피우는 상황을 보고 아이들은 무슨 생각을 하게 되었는지 의견은 어떠한지 물어봅니다. 노라가 왜 말썽을 피우게 되었고 원하는 건 무엇인지, 어떻게 하면 이 상황이 해결될지 의견을 묻습니다.

<Don't Let the Pigeon Drive the Bus!>

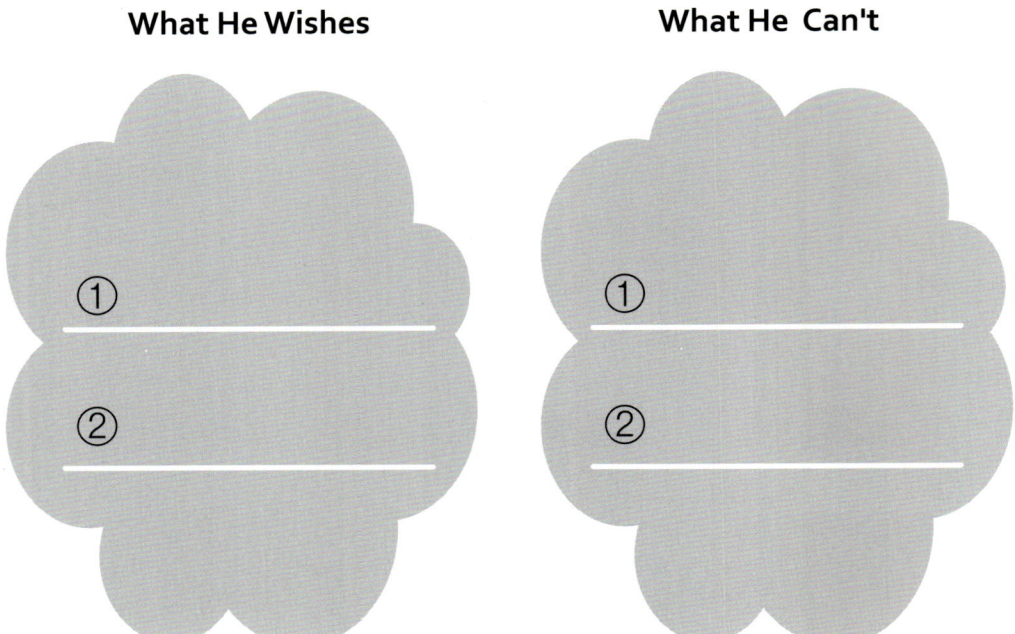

What He Wishes

① _____
② _____

What He Can't

① _____
② _____

⑧ 추론(Making Inference)

스토리가 끝나고 난 이후 또는 스토리가 다른 방향으로 갔을 경우에 대한 가능성을 가정해보는 일은 아이들에게 지혜를 주고 상상력을 넓혀주는 데 좋은 기회가 됩니다.

The Odd Egg	"Mama"하면서 오리를 뒤 따라가는 악어의 모습을 통해 오리와 다른 새들의 삶이 어떻게 달라졌을지 의견을 나눠봅니다.
Mr Gumpy's Outing	검피 아저씨가 뱃놀이가 아닌 등산을 하게 되었다면 동물들은 어떻게 했을지 그리고 동물들은 또 어떻게 되었을지 생각하고 의견을 나눠봅니다.
The Big Hungry Bear	쥐가 스토리 속 누군가의 말을 듣고 따르게 된 이유는 무엇이었을지 생각하고 의견을 나눠봅니다.
Petunia	페투니아가 책을 읽게 된다면 그의 삶은 어떻게 바뀔 것이라고 생각하는지 의견을 나눠봅니다.
Where the Wild Things Are	집으로 돌아온 맥스 앞에 놓인 음식을 보고 맥스는 무슨 생각을 하였을지 의견을 나눠봅니다.

<The Odd Egg>

What does the last picture say?
What do you think his life with the crocodile will be like?

① _____

② _____

⑨ 결론(Drawing Conclusion)

대부분의 이야기들은 나름의 결론을 통해 스토리를 마무리합니다. 책을 읽고 스토리가 전하는 바가 무엇인지 특별히 인상 깊은 의미를 던져주는 이야기들은 결론이 무엇인지 짚어보도록 합니다.

힘을 키우고도 결국 기둥에게 미안하다고 말하는 윌리, 이 윌리에 대해 작가는 무슨 말을 하고 싶었던 것인지 생각하고 의견을 나눠봅니다.

다시는 곰 사냥을 하지 않겠다고 했지만 모든 어려움을 함께 이겨나간 가족에 대해 작가가 전하고 싶었던 메시지는 무엇인지 생각하고 의견을 나눠봅니다.

두더지가 꾼 꿈은 무엇이고 그 꿈은 결국 어떻게 되었는지, 그림은 그 꿈이 어떻게 되었다고 말해주고 있는지 생각해봅니다.

어둠을 내어쫓으려다 지친 할머니, 그리고 조용히 떠올라 어둠을 사라지게 한 태양을 통해 작가가 전하려는 내용은 무엇이었을지 생각하고 의견을 나눠봅니다.

큰 낭패를 보게 된 주인공이 주는 메시지가 무엇인지 생각해보게 합니다.

<Willy the Wimp>

What seems be the conclusion?
What does the story want to say?

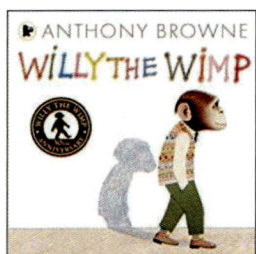

⑩ 작가의 의도(Author's Point)

모든 스토리에는 작가의 집필 의도가 들어가 있습니다. 이는 스토리의 중심 아이디어나 스토리의 결말과 같은 것일 수도 있지만 이를 통해 작가가 전하려는 바가 무엇인지에 초점을 두고 글을 다시 살펴보는 것도 스토리를 이해하고 작가와 만나는 좋은 기회가 됩니다. 예를 들어 명작 동화, [해님과 북풍]은 '따뜻함이 강압적인 힘보다 사람을 움직이는 더 큰 힘을 발휘한다.'를 글의 결말로 정리할 수 있다면 여기서 한걸음 더 나아가 '강압적으로 내 생각을 밀어붙이려는 태도보다 따뜻함과 친절로 다른 사람의 마음을 사는 자가 되라.'는 말로 작가의 집필 의도를 조금 다르게 정리해볼 수 있습니다.

〈작가의 생각 엿보기〉

Dragon!	여전히 실수투성이이고 부족하지만, 나도 쓸모가 있고 또 잘하는 것이 있으니 실망하지 마세요.
BIG FISH	큰 꿈을 꾸는 것도 좋지만 지금의 나의 삶에 만족할 줄도 알아야 합니다.
KING BIDGOOD'S IN THE BATHTUB	때론 문제 해결을 위해 직접적이고 구체적인 행동을 취해야 합니다.
Seven Blind Mice	책에 기록되었듯이 지혜는 주어진 상황을 자세히 살피고 신중하게 고민하는 과정을 통해 얻어집니다.

학습 연계 (Making Connection)

창의적 활용 능력은 21세기 교육의 키워드이기도 합니다. 첨단 지식과 정보 사회인 21세기는 책을 중심으로 지식과 정보를 습득하고, 주어진 내용을 파악하여, 이를 기초로 다양한 삶의 영역에 활용할 줄 아는 창의적인 일꾼을 요구하고 있기 때문입니다. The Primary English Teacher's Guide란 책의 공동 저자들은 이 시대는 창의적 활용능력을 요구하는 시대, 글을 읽고 나면 학습 장르를 뛰어넘는 연계활동, 즉 픽션을 읽고 논픽션(사회, 과학 등) 연계활동을 그리고 논픽션을 읽고 나서는 픽션으로 연계하는 독후활동을 강조하고 있습니다. 실제로 미국의 교과서들을 보면 이런 *연계활동(Cross-Curricular)이 이들의 핵심적인 교육 활동 중 하나란 걸 알 수 있습니다.

책을 읽고 난 후 책에서 얻은 지식과 정보를 바탕으로 어떤 창의적인 연계 활동이 가능할지 정리해보면 다음과 같습니다.

① 노래와 율동 (Music Link)

어린 아이들이 The Very Busy Spider를 읽고 Eensy Weensy Spider 송을 부르는 것도 아이들에겐 중요한 연계활동입니다. 노래와 율동이 이들에겐 매우 효과적인 연계활동이 되기 때문입니다.

---

*Brewster, Jean. Ellis Gail. Denis Girard. The Primary English Teacher's Guide. London:Penguin English. pp.129-131

② 그리기와 만들기 (Art Link)

스토리와 함께하는 미술 활동은 유아들의 핵심 독후활동으로 자리매김 하고 있습니다.

스토리가 있는 테마 미술 활동은 '창의적 활용 능력'을 강조하는 이 시대, 무엇보다 중요한 의미와 가치가 있는 독후활동이 되어줄 것입니다.

③ 주제 연계 프로젝트 (Theme-Project)

책 만들기, 실험이나 조사 후 포스터 만들기, 요리, 그룹 창작품 만들기 등 초등학령기의 아이들을 중심으로 다양한 프로젝트를 진행합니다. 프로젝트는 21세기 지식인 양성을 위한 직접적이고 핵심적인 교육 활동입니다. 프로젝트는 때론 스토리로부터 더 과감하게 나가 진행하는 것도 좋습니다. 예를 들어 개미와 베짱이를 읽고 베짱이의 생태를 연구하거나 햇님과 북풍을 읽고 자연재해를 조사하는 것입니다. 이런 연계 활동은 아이들의 상상력과 창의력을 무한대로 키워주고 또 이런 일이 얼마든지 가능하다는 것을 몸으로 경험해보게 할 좋은 기회와 훈련이 될 것입니다.

Don't You Dare Dragon! - 아이스크림 선호도 조사

Where Does the Brown Bear Go? - 곰에 관해 조사(are/have/can)

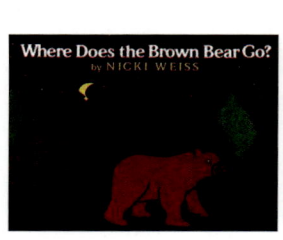 

Changes, Changes - 숲속 화제에 관한 조사

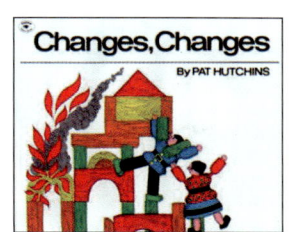

George Washington - 워싱턴의 모든 것을 조사

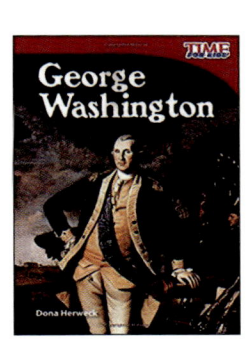

The Tiny Seed - 식물과 햇빛에 대해 연구/조사

수업 연계활동에서 이루어지는 글쓰기(paragraphs)는 글쓰기 훈련을 위한 최적의 장이 되어줍니다. 책을 읽고 나서 다양한 연계활동을 통해 조금씩 쓰기를 하는 동안 아이들은 주어진 정보들을 가지고 자신의 생각을 정리하고 기록해보는 훈련을 할 수 있기 때문입니다. 이런 연계활동은 그 자체가 글쓰기를 위한 초기 활동 즉 planning, pre-writing, drafting의 과정이라 할 수 있습니다.

기타 Journals: 기타 연계활동

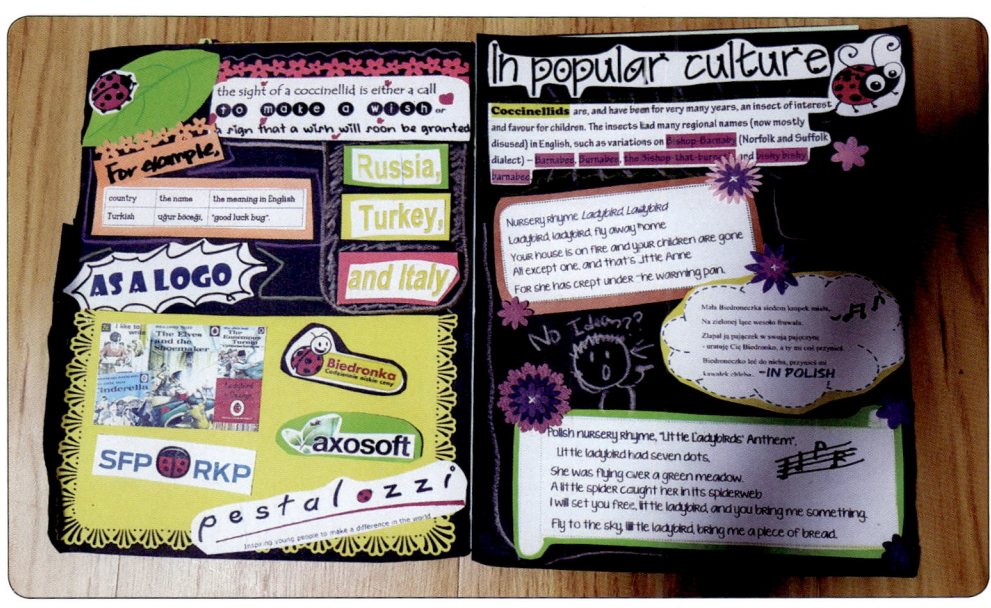

도표의 활용 (Graphic Organizers)

도표는 복잡한 정보들을 한 눈에 보게 해주고 또 이해하게 하는 데 큰 도움을 줍니다. 요즘과 같이 미디어를 통해 지식과 정보를 교류하는 시대엔 효과적인 전달을 위해 도표가 더더욱 중요한 역할을 합니다. 도표는 또한 어휘나 스토리 이해, 글쓰기 활동 등 모든 지식 활동을 효과적으로 돕는 유용한 도구입니다. 독서 활동에 있어 도표가 필요한 경우는 다음과 같습니다.

① **Vocabulary**

hibernate, canopy, vertebrate 등 개념을 정리하고 예시를 달아줄 필요가 있는 단어들을 다룰 때 사용함.

② **Story Comprehension**

스토리의 내용과 구조, 흐름을 파악할 때 활용함.

③ **Making Connection**

주어진 주제들을 다양한 영역에 연계할 목적으로 사용함.

④ **Pre-Writing**

글쓰기를 위한 아이디어나 정보들을 모으고 정리할 때 활용함.

도표에는 어떤 것들이 있는지 살펴보면 아래와 같습니다.

개념 정리형(Conceptual Organizers)

글의 중심이 된 핵심 단어, 중심 아이디어와 세부 사항을 정리해주는 것부터 인과 관계나 문제 해결 등 개념 정리형 도표(Conceptual Organizer)는 다양한 용도로 활용됩니다. 아래에 소개하는 도표는 가장 많이 활용되는 도표입니다. 교사들은 아래의 도표를 참고하여 아이들의 눈높이와 용도에 맞는 적절한 도표를 활용하도록 합니다.

① Story Web

어떤 스토리이든 스토리 속엔 중심 아이디어가 있고 그 중심 아이디어를 뒷받침해주는 세부사항이 들어있습니다. 예를 들어 Swimmy는 빨간 물고기 가운데 유일하게 검정색인 물고기의 이야기이며 그들 가운데 혼자 외롭고 슬픈 물고기의 이야기가 펼쳐집니다. 이 전체 스토리의 중심 아이디어가 무엇이고 세부사항이 무엇인지 기록해보게 합니다.

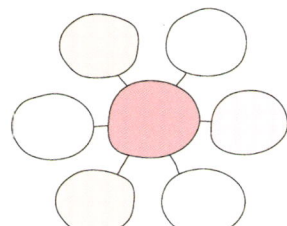

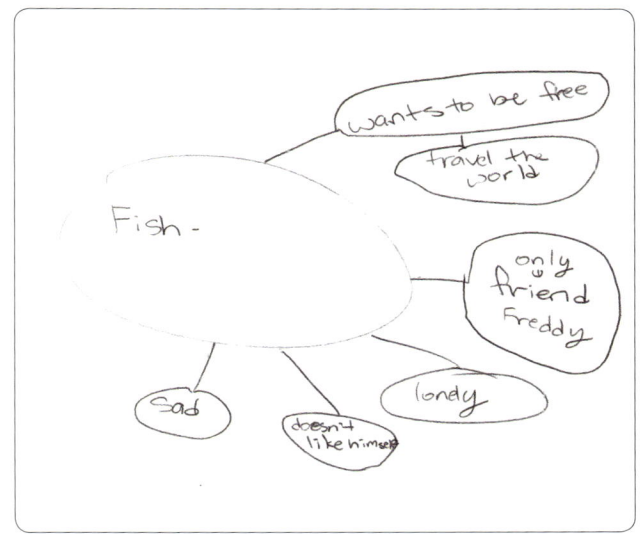

② **Word Web**

논픽션 리더 등 학습정보를 전해주는 형태의 글을 만날 땐 워드웹(word web)이 정리에 큰 도움을 줍니다. 예를 들어 hibernate(겨울잠)나 vertebrate(등뼈동물), dinosaur(공룡), 또는 water와 같은 정리가 필요한 용어를 만나면 단어의 정확한 정의를 찾아 적어보게 하고 아래와 같은 도표를 활용하여 겨울잠 자는 동물, 등뼈 동물, 공룡들의 이름, 그리고 물이 될 만한 것 등을 적어보게 합니다.

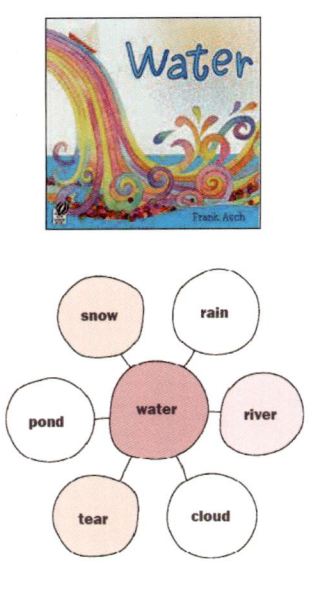
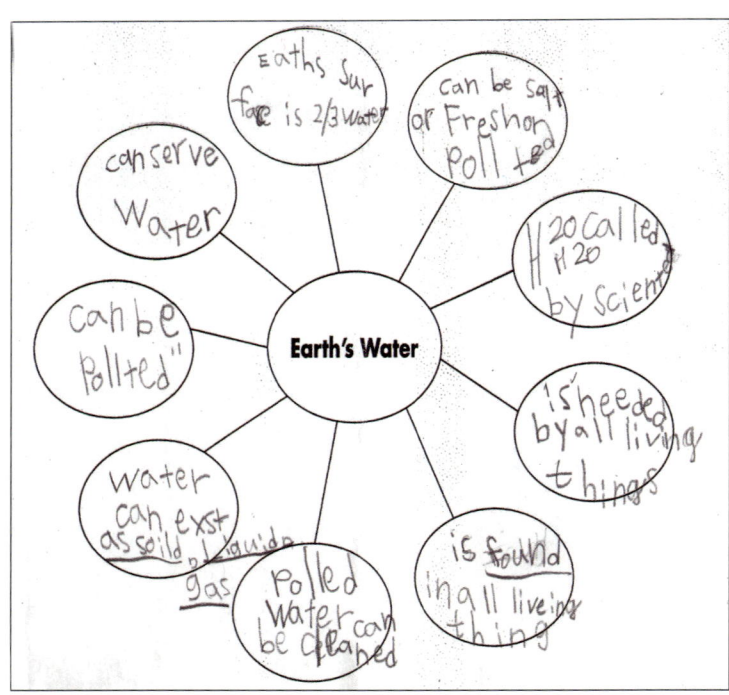

③ **Flow Chart**

서울쥐와 시골쥐, 토끼와 거북이, 해님과 북풍 등 스토리 전개 상황을 정리할 때 활용합니다.

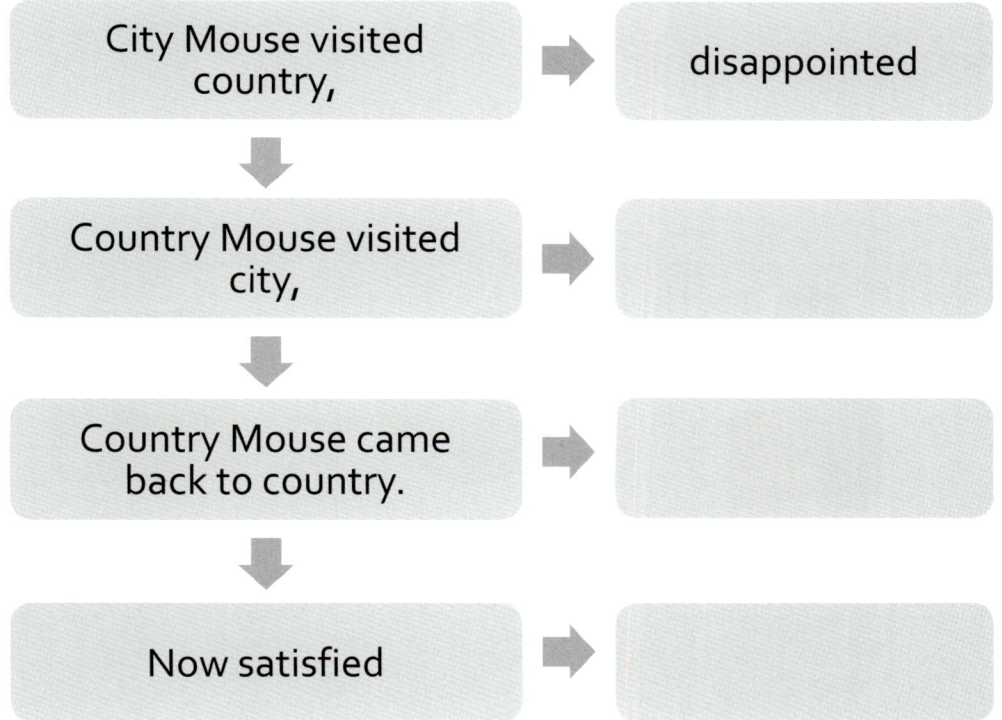

④ Circle Chart

Word Web처럼 스토리의 주제를 중심으로 세부적인 항목들을 정리할 때 활용합니다.

예: Peck, Peck, Peck을 읽고 스토리 속 딱따구리는 어떠한지 적어보게 합니다.

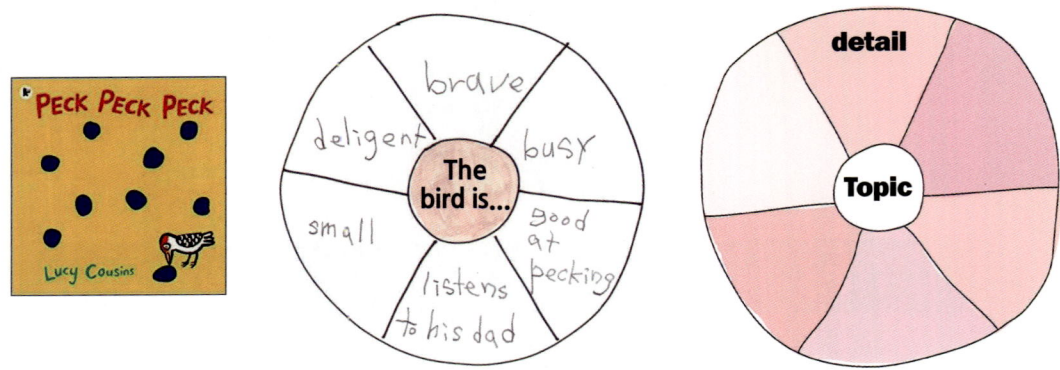

⑤ Chart

차트는 여러 가지 정보를 한눈에 보고 비교하거나 정리할 때 활용합니다. 차트는 막대형과 원형, 선형 등 다양한 차트가 있습니다.

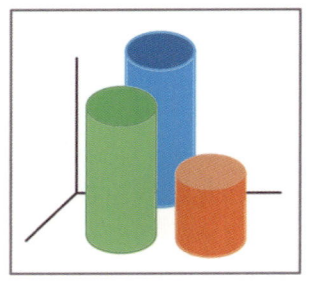  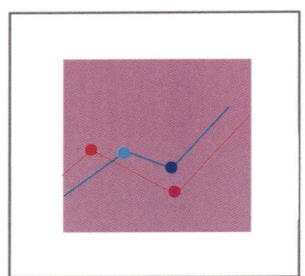

The Very Hungry Caterpillar 를 읽고 애벌레가 먹은 것을 차트로 만들어보게 합니다.

248

Eating Chart

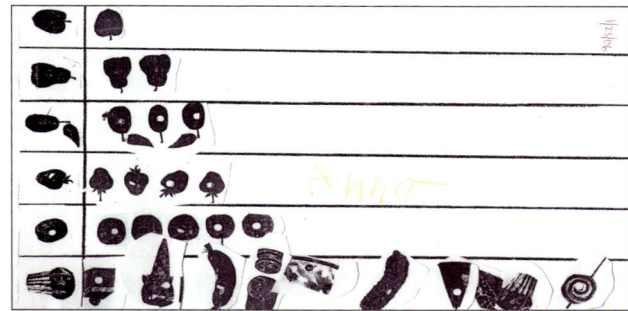

Weekly Weather Chart

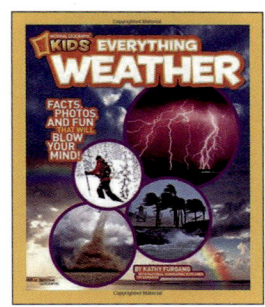
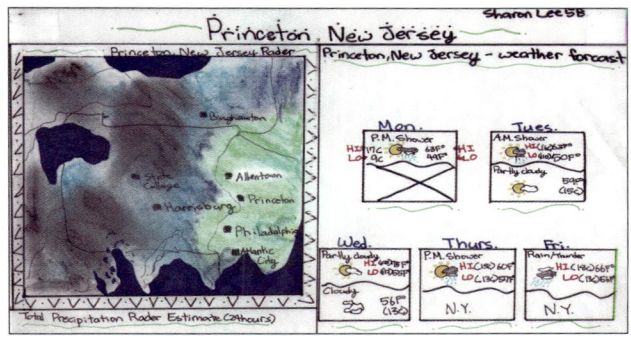

Gravity on the Planets

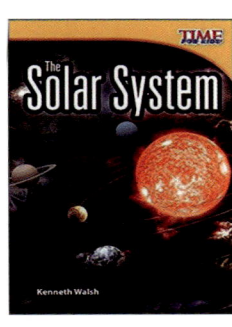
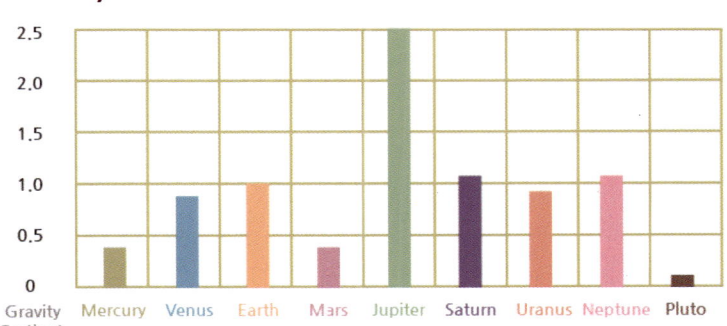

⑥ **Concept Web (Cause-Effect, Compare vs Contrast, Problem-Solution, Facts vs Opinions Web 등)**

원인과 결과, 비교와 대조, 문제와 해결, 사실과 의견 등 비교와 대조를 이룰 내용의 스토리를 만날 때 비교/대조 도표를 활용합니다.

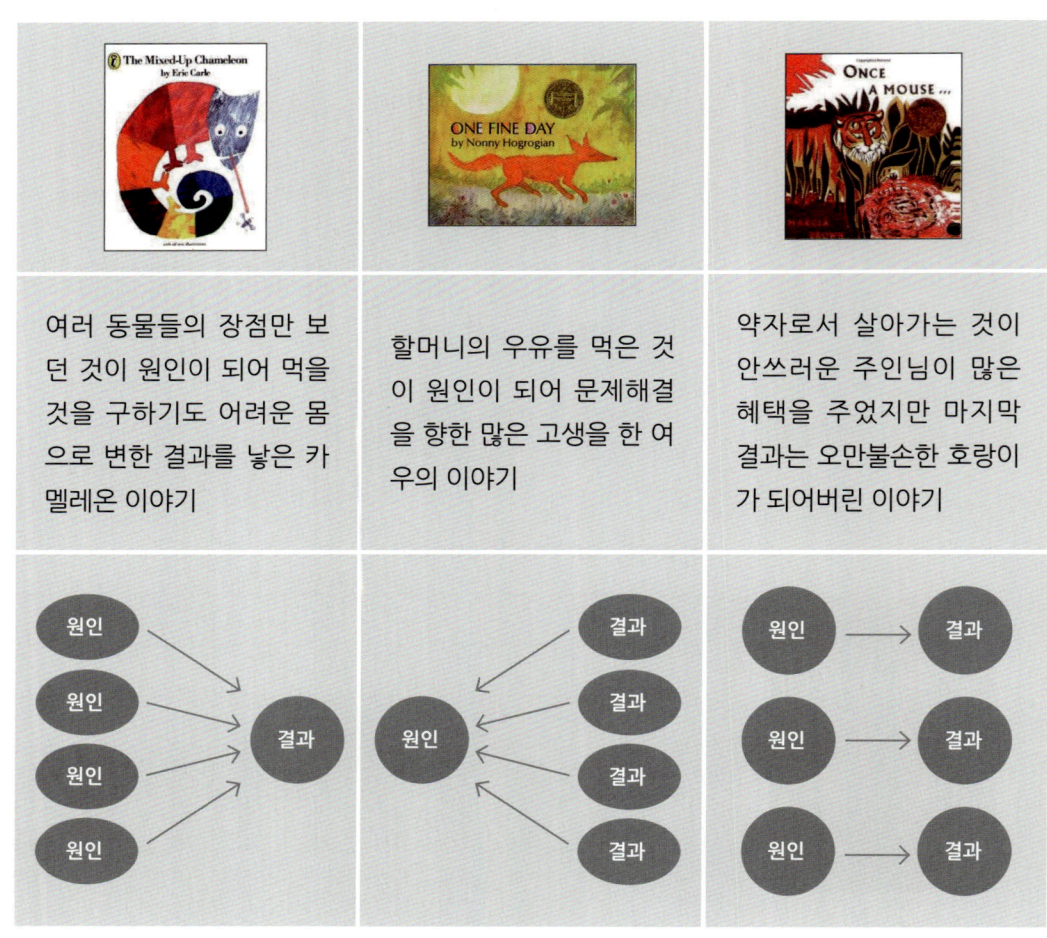

문제와 해결 [Problem-Solution]

대부분의 스토리는 문제로 시작하여 해결로 끝나는 특성이 있습니다. 아래의 틀을 활용하여 스토리가 말해주는 문제의 핵심이 무엇인지 그리고 어떻게 해결했는지 기록해보게 합니다.

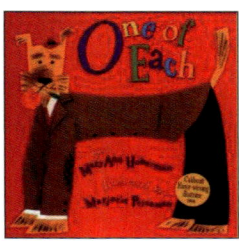  

Problem	Solution

사실과 의견 [Facts vs opinions]

스토리 가운데에는 여러 가지 생각을 하게 하는 책들이 있습니다. 이런 책을 읽고 나서 실제로 일어난 일과 그에 대한 아이들의 생각을 적어보게 하면 좋습니다.

비둘기가 요구한 사항은 무엇이고 이에 대한 독자(아이) 의견이 무엇인지 묻는다.	쥐가 듣는 말은 무엇이며 그에 대한 쥐의 반응은 그리고 이런 반응에 대한 아이의 생각을 묻는다.	토끼와 곰은 스토리 속에서 어떤 행동을 하였으며 이들에 대한 아이의 생각은 무엇인지 묻는다.

Facts	Opinions

비교와 대조 [Compare vs Contrast]

두 개의 캐릭터를 비교하는 텍스트의 경우 아래와 같은 도표를 활용해봅니다.

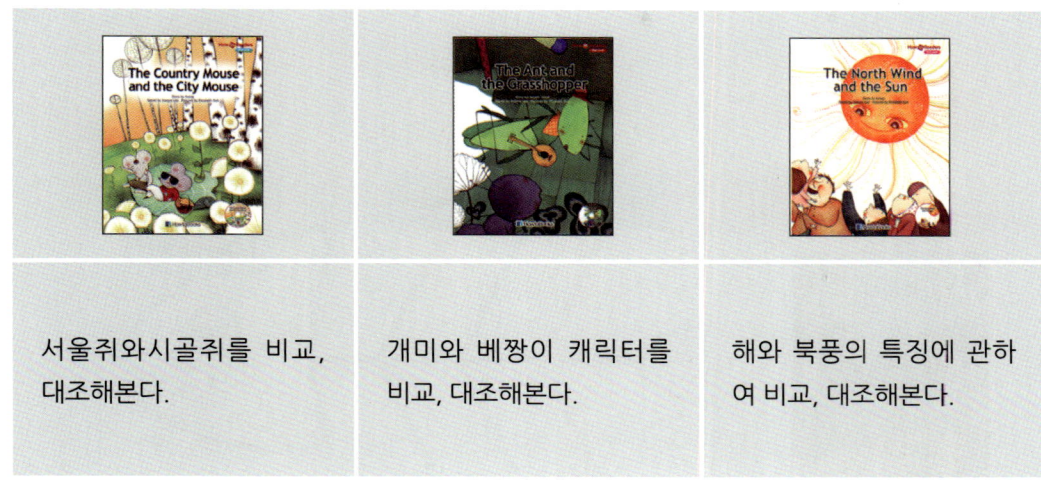

서울쥐와 시골쥐를 비교, 대조해본다.	개미와 베짱이 캐릭터를 비교, 대조해본다.	해와 북풍의 특징에 관하여 비교, 대조해본다.

Ant	Grasshopper

⑦ Fishbone

기승전결 등 구성이 단단하고 세부내용이 제법 들어있는 동화들을 정리할 때('누가, 언제, 어디서, 무엇을, 어떻게' 등) 활용하며 원인과 결과, 문제와 해결 등을 살펴볼 때도 활용합니다.

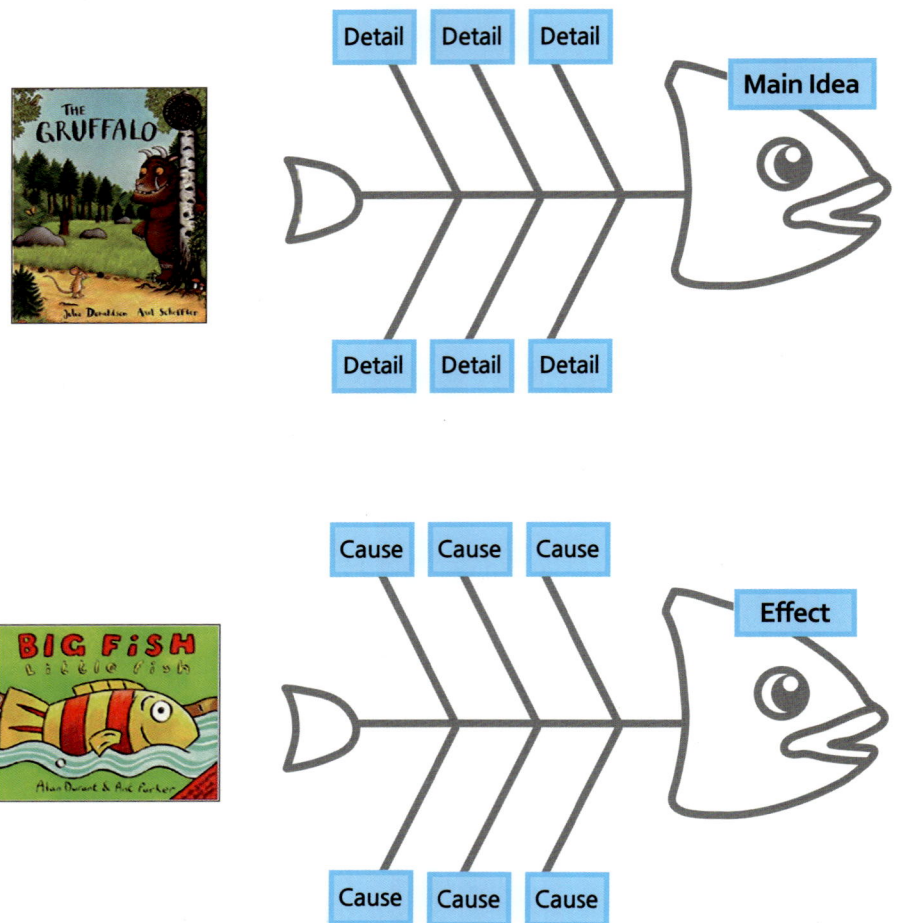

⑧ Vehn Diagram

스토리 속 캐릭터나 상황에 대해 다른 점과 공통점을 같이 비교해보고자 할 땐 아래와 같은 도표를 활용합니다.

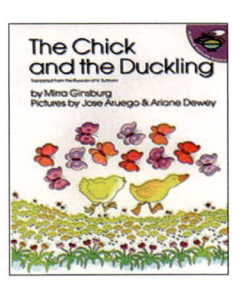
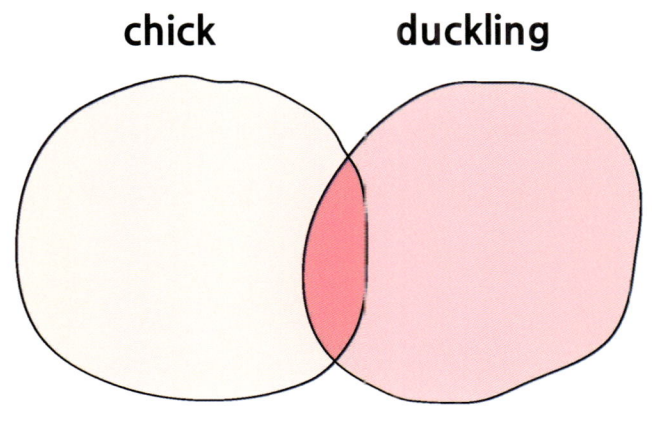

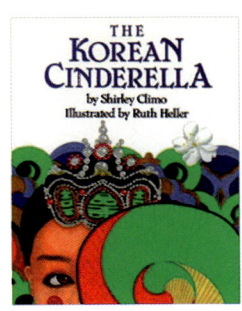
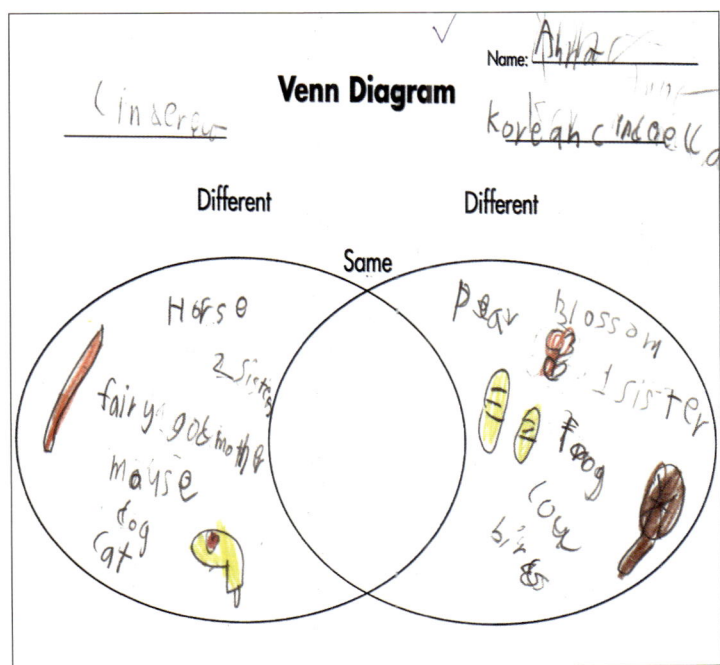

순서 정렬형(Sequential Organizers)

일이 벌어진 순서나 진행 과정, 역사적인 사실들을 연대로 살펴 정리할 때엔 순서를 정리하는 도표(Sequential Organizer)를 활용합니다. 단순한 패턴북 단계를 넘어 세부적인 내용이 많아지는 대부분의 스토리는 개미와 베짱이, 토끼와 거북이, 돼지 삼형제 등 기승전결의 흐름을 가지고 있습니다. 이렇게 디테일이 생기기 시작하는 스토리를 접하는 아이들을 위해 자주 시도해볼 만한 활동은 이야기의 순서대로 스토리 핵심 장면을 정리해보고 스토리를 재현(Retelling)해 보는 것입니다.

비교와 대조, 원인과 결과, 문제와 해결, 추론 등의 다양한 스토리 이해 활동은 독서 활동의 꽃이라 할 수 있지만 어린 아이들에겐 좀 어려운 활동일 수 있습니다. 그러므로 독서 활동을 많이 해보지 않은 아이들에겐 해님과 북풍, 개미와 베짱이 등을 통해 이야기의 순서대로 글(또는 그림)을 나열해보는 활동을 많이 하는 것이 좋습니다.

① Storyboard

어떤 스토리이든 스토리 속 주요 사건들을 순서대로 열거해볼 때 활용합니다. 간단한 패턴북에서 틀을 갖춘 스토리북으로 넘어갈 때 스토리보드를 적극 활용하면 스토리 구성과 흐름을 이해하고 정리하게 하는데 도움이 됩니다. 스토리의 핵심 장면을 글로 쓰거나 그림으로 그려보게 합니다.

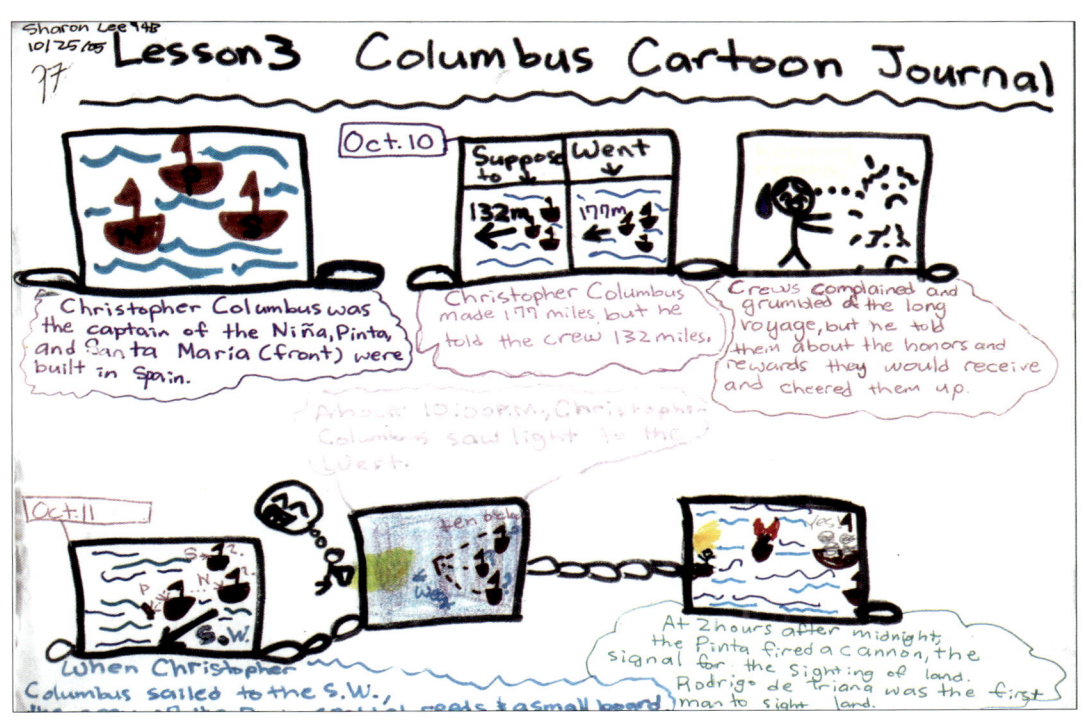

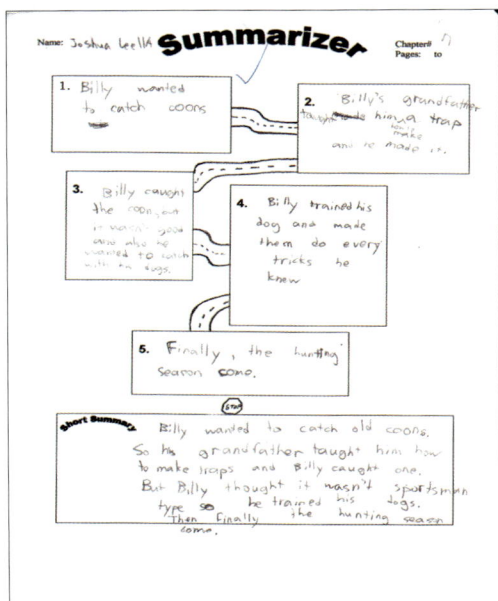
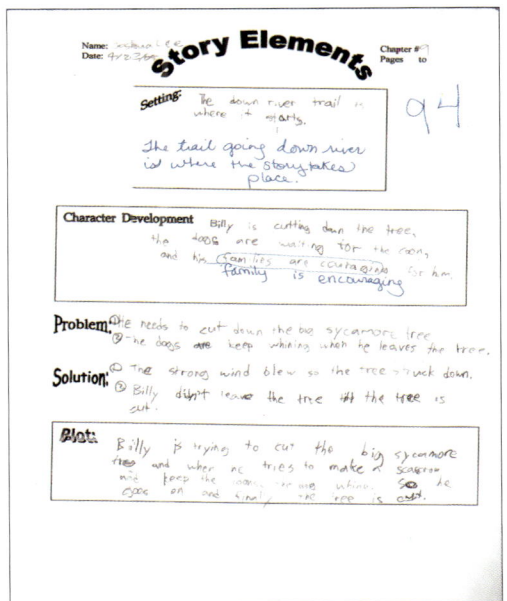

② Chain

핵심 장면들을 정리할 때 활용하며, 앞에서 벌어진 일이 다음에 영향을 줄 때, 누적(cumulative)되거나 점진적인(progressive) 형태로 이어질 때 활용합니다.

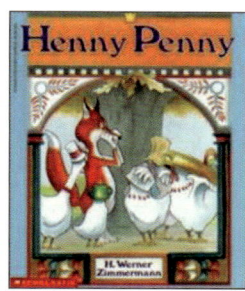 

Event 1 Event 2 Event 3 Event 4 Event 5 Event 6

  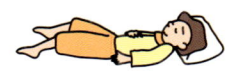 

순환형(Circular Organizers)

사계절, 하루 일과, 요일 등 이야기(정보)가 시작된 곳으로 다시 돌아와 끝나는 순환형의 텍스트를 다루는 경우 순환형 도표를 활용합니다. 순환형 도표를 필요로 하는 도서로는 방황 끝에 제자리로 돌아오거나(Big Fish, Little Fish) 일정한 행동을 결국 반복하는 캐릭터 동화(Don't You Dare, Dragon! Pigeon Wants a Pet, Don't Let the Pigeon Drive the Bus!) 등이 있으며, 논픽션 도서로는 계절이나 일과, 자연과 동물의 흐름을 다루는 도서들이 있습니다.

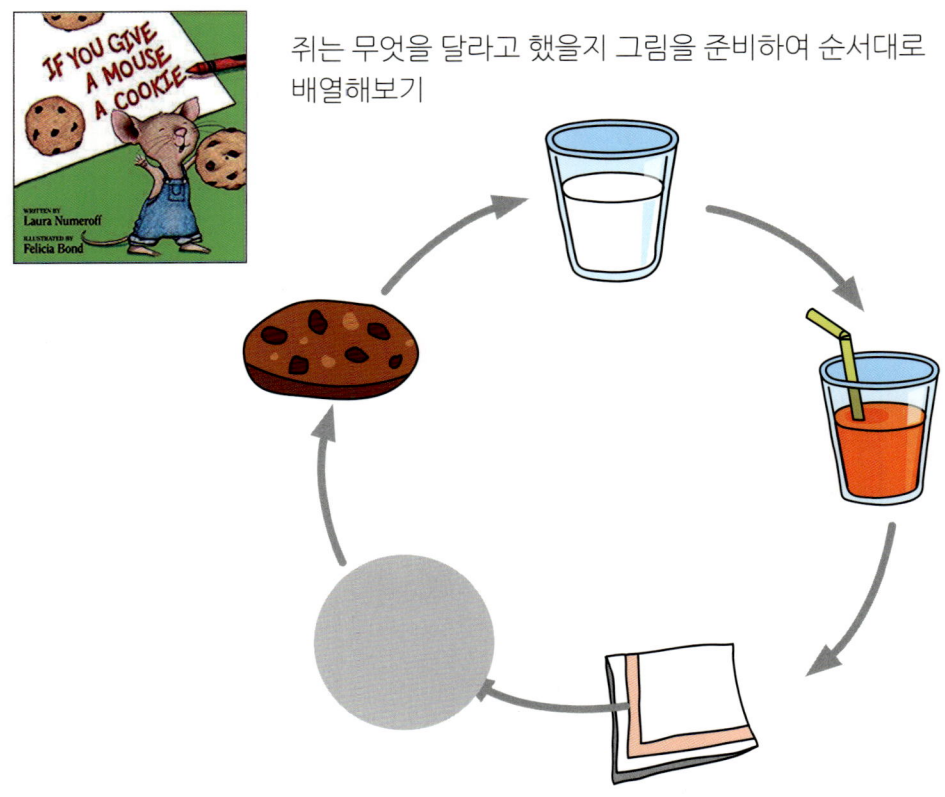

쥐는 무엇을 달라고 했을지 그림을 준비하여 순서대로 배열해보기

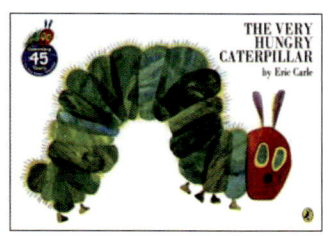

애벌레의 생태에 대해 정리하고 이름 붙이기

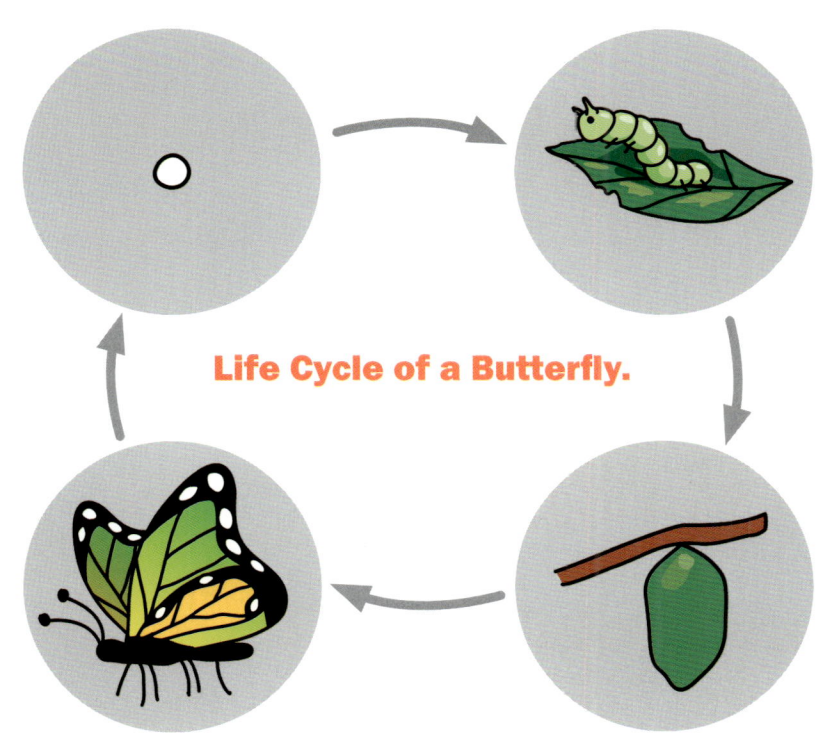

Life Cycle of a Butterfly.

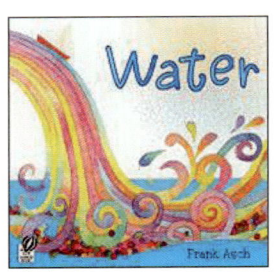

물의 흐름에 관하여 그림으로 정리하여
각 단계에 제목 붙이기

Water Flows

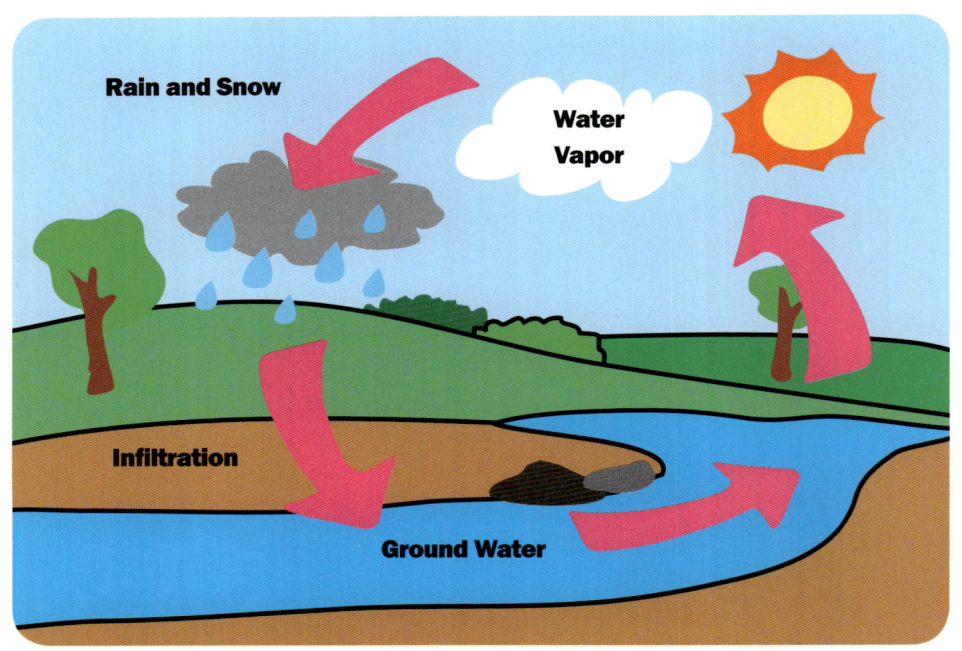

피라미드형(Hierarchical Organizers)

하나의 큰 주제에서 작은 주제를 찾아내고 그로부터 더 세부적인 내용을 살피고자 하는 경우 피라미드형 도표를 활용합니다. 자연이나 동물 등에 대한 정보를 주는 논픽션이나 세부적인 내용이 많은 스토리를 분석할 때 활용합니다.

① Hierarchy Chart

주어진 정보에 대한 1차와 2차 분류가 필요한 경우 아래와 같은 도표를 활용합니다.

Type 1

거미에 관한 정보를 주는 논픽션을 읽은 후 내용을 분석하거나 거미에 관한 동화책을 읽고 나서 학습 연계를 위해 주어진 정보들을 정리해보는 경우 아래와 같이 거미가 할 수 있는 것(can)과, 거미가 가진 특징(have), 그리고 거미를 정의해줄 단어(are)들을 정리해봅니다.

먹이 사슬에 관해 설명하는 논픽션 도서를 읽고 난 후, 또는 Henny Penny, Hattie and the Fox, The Gruffalo 등, 동화를 읽고 난 후 아래와 같이 먹이사슬의 구도를 보여주는 피라미드 도표를 활용해봅니다.

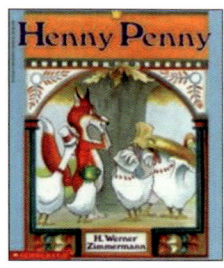  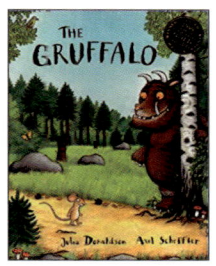 

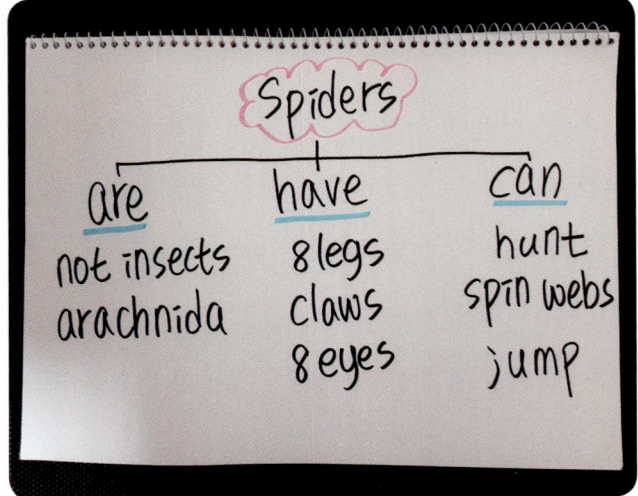

Type 2

Food Chain처럼 점진적으로 내용이 세분화되거나 다양해질 때 피라미드 형태의 도표를 활용합니다.

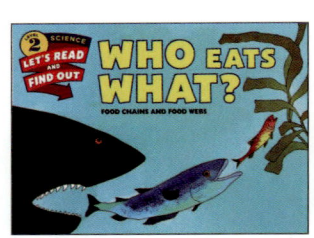

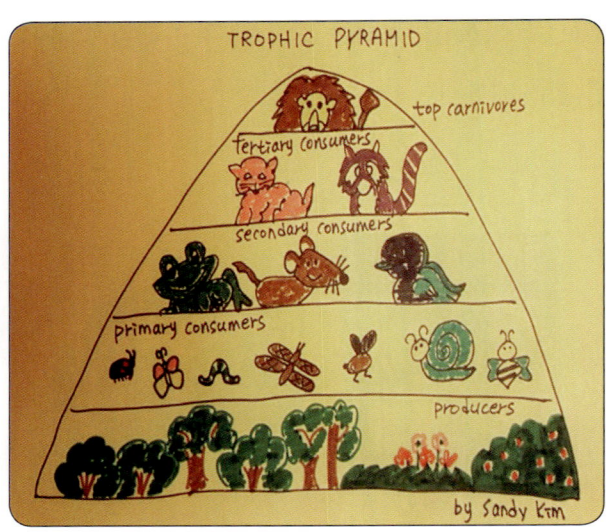

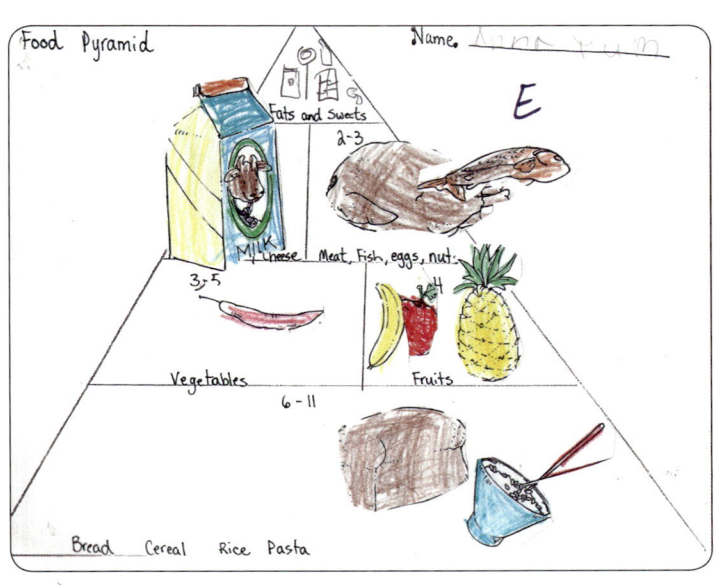

② **Mind Mapping**

다양한 정보를 주는 책, 사회나 과학 과목을 다룬 논픽션을 읽고 난 뒤에 아래와 같이 세부적인 내용들을 자유롭게 도표로 정리해봅니다.

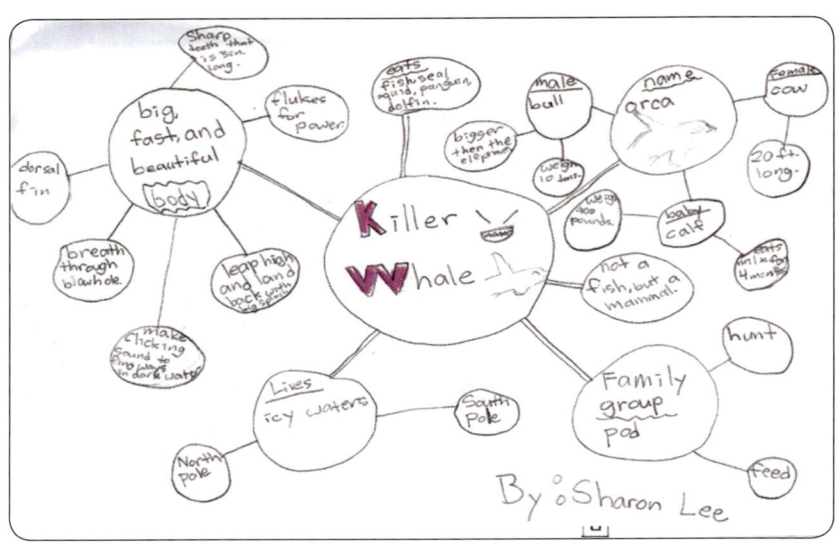

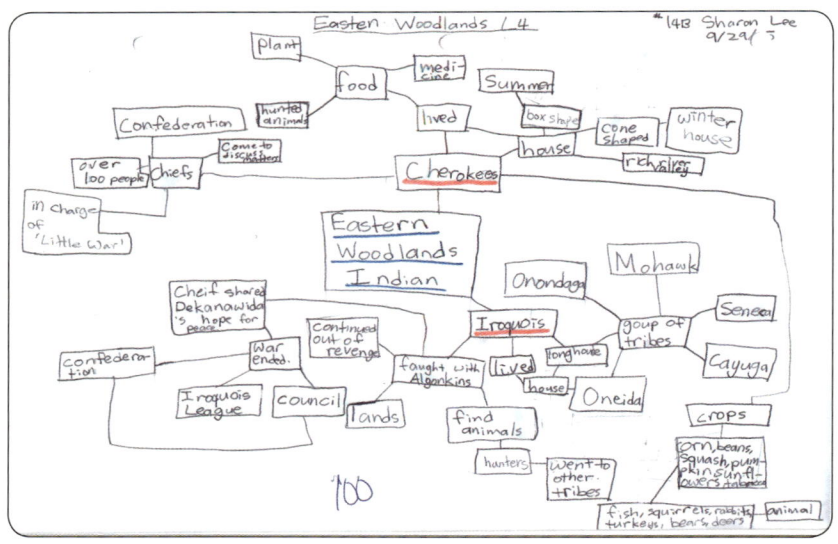

도표는 단어나 스토리 내용 정리, 학습 연계, 쓰기를 위한 사전 활동, 프로젝트를 위한 틀 구성 등 아이디어를 정리하고 모든 것을 한 눈에 볼 수 있게 하는 멋진 도구입니다. 그러므로 글을 읽거나 쓸 때 이들을 활용하여 아이들의 생각을 정리하게 해주면 아이들의 지식 활동을 활발하게 하는 데 매우 유용한 도구가 되어줄 것입니다.

생각 없이 글을 읽는 것은 소화를 안 시키고 음식을 먹는 것과 같다.
To read without reflecting is like eating without digesting.
Edmund Burke

그림책과 영어독서지도
chapter 11

처음 만나는 글쓰기
Early Writing

Of all those arts in which the wise excel, Nature's chief masterpiece is writing well.
John Sheffield

글로벌 지식 사회를 살아가는 우리가 글을 쓴다는 것은 단순한 지식활동이나 소통 이상의 의미를 줍니다. 글을 쓴다는 것은 자신이 배운 지식과 생각을 문서로 기록하여 다른 사람들과 공유하게 되는 것을 의미하는데, 그렇게 하기 위해 우리는 자신의 생각을 어떻게 정리하고 표현할 것인지 고민하게 됩니다. 글은 말과 달라서 그 어느 때보다 정리되고 다듬어진 언어를 사용하게 되며, 책임질 수 있어야 하므로 보다 더 진지하고 신중한 과정을 지나게 됩니다.

따라서 글을 쓰는 사람들은 새로운 지식과 정보에 대해 더 진지한 자세를 갖게 되며, 주어진 정보를 더욱 신중하게 평가하고자 노력하게 되고, 거기서 얻은 정보를 중심으로 자신의 생각을 드러내는 과정에서 책임 있는 자세를 갖게 되는 것입니다. 글을 쓰는 사람은 그러므로 누구보다 정확하고, 진지하며, 책임감 있는 자세로 살아가게 됩니다. 그런 의미에서 글을 쓴다는 것은 개인의 지성과 인격, 전 존재를 거는 일이 됩니다. 글쓰기 훈련을 잘 받는 아이는 그런 의미에서 인격과 지성을 겸비한 시대의 진정한 지성인으로 성장하는 기회를 얻을 것입니다.

독서량에 비해 글쓰기가 많지 않은 것이 우리의 현실입니다. 글쓰기는 문제에 답을 하거나 토론을 하는 일과 달라서 글을 쓰는 사람이나 지도하는 사람 모두에게 매우 번거롭고, 귀찮은 일이기 때문입니다. 하지만 글로 표현해내지 않은 지성은 주방에 쌓인 반찬거리에 불과합니다. 씻고, 자르고, 볶아서 접시에 담아낼 때에야 식사가 되듯이 우리가 가진 지식은 글로 표현될 때에야 온전히 완성되는 것이기 때문입니다.

영어 글쓰기는 언제 시작하면 좋을까요? 어떻게 글쓰기를 시작하고 또 어떻게 지도하면 될까요? 글쓰기는 또 누가 가르쳐야 하는 걸까요?
책을 많이 읽어준 아이가 누구보다 글을 빨리 읽을 수 있게 되듯이 글은 잘 쓰는 것보다 많이 써 봐야 잘 쓸 수 있게 됩니다. 즉 전문 교사가 없어서 글을 못쓰는 것이 아니라, 글을 쓸 직접적인 기회를 충분히 제공해주지 않아서 글을 못쓰는 것입니다.*

그러므로 글쓰기를 잘 하는 아이로 성장할 수 있게 하기 위해선

1. End your reading class with writing.
모든 읽기(독서) 수업의 마무리, 즉 독후활동은 글쓰기와 관련하여 끝내도록 합니다. 가령 배고픈 애벌레를 읽고 마지막에 애벌레를 그려보는 것으르 마무리할 때에도 그리기로만 끝내지 말고 "The caterpillar became a beautiful butterfly!" 나 스토리 속 가장 멋진 문장을 그림 위에 쓰게 합니다. 이 외에도 '쓰기'와 함께 가는 마무리 활동, 즉 리스트(쇼핑리스트 등) 작성하기나 미니북 만들기, 스토리 속 명언 기록하기 등으로 마무리합니다.

2. No grammar or spelling check!
아이들이 쓰기를 하는 동안에는 문법이나 철자 교정을 하지 않도록 하고--미국에서도 초등 2학년까지는 수정이나 교정을 안함-- 아이들이 생각한 것을 자유롭게 글로 표현할 수 있도록 격려합니다.

3. Display and celebrate.
완성된 작품은 가능한 한 멋지게 전시해주어 보람을 느끼게 해주고, 이런 과정을 통해 글쓰기에 대한 지속적인 의욕을 갖고 용기를 낼 수 있도록 합니다.

---

*Brewster, Jean. Ellis Gail. Denis Girard. The Primary English Teacher's Guide. London:Penguin English. pp.118-128

1. 단계별 글쓰기(Writing Stages)

우선 아이들의 글쓰기는 어떤 단계를 거쳐 성장하게 되는지 정리해보기로 하겠습니다.

1단계: 철자와 스펠링 단계(Letters and Spelling)

2단계: 문장 만들기 단계(Sentence Building)

3단계: 자유로운(형식 없는) 글 구성 단계 (Journal Writing)

4단계: 틀을 가진 간단한 문단 구성 단계 (Paragraph Writing)

5단계: 3~5개 문단(paragraphs)으로 이루어진 형식을 갖춘 글을 구성하는 단계 (Essay Writing)
입니다.

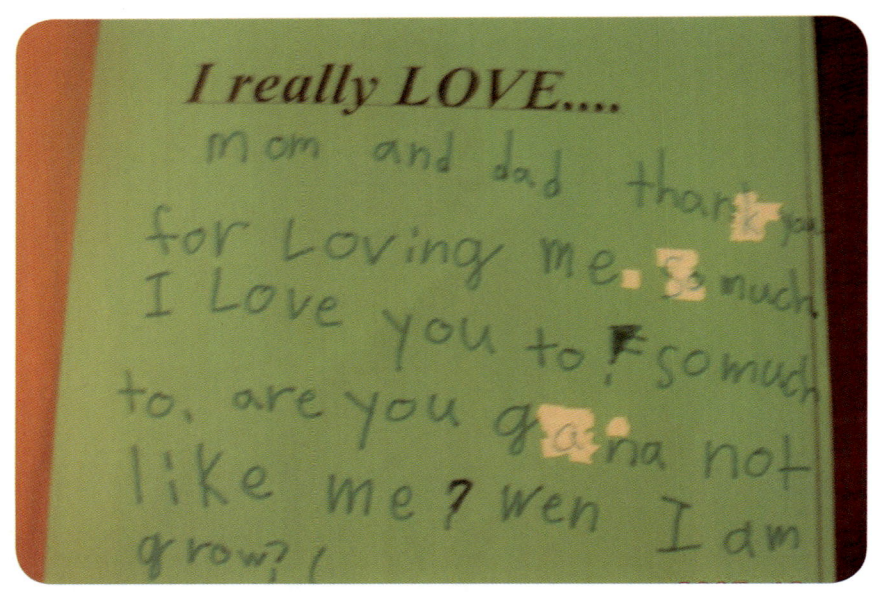

Modeled Writing

선생님이 생각하며 글을 쓰는 과정을 직접 보여줍니다. 내일 가게 될 소풍 준비물 적어보기, 내가 좋아하는 과일 리스트 만들기, 코끼리의 특징에 대해 적어보기, 동요 개사해서 기록해보기 등 다양한 형태의 글을 아이들과 대화하면서 보드에 기록해줍니다. 글을 쓰고 나면 제목을 함께 붙여보고 날짜 등을 기록하여 마무리합니다. 이렇게 다양한 형태의 글을 기록하는 과정을 반복적으로 보여주면--비록 아이들은 철자도 어설픈 연령이지만-아이들은 오래지 않아 글을 쓰는 단계로 빠르게 성장하게 될 것입니다.

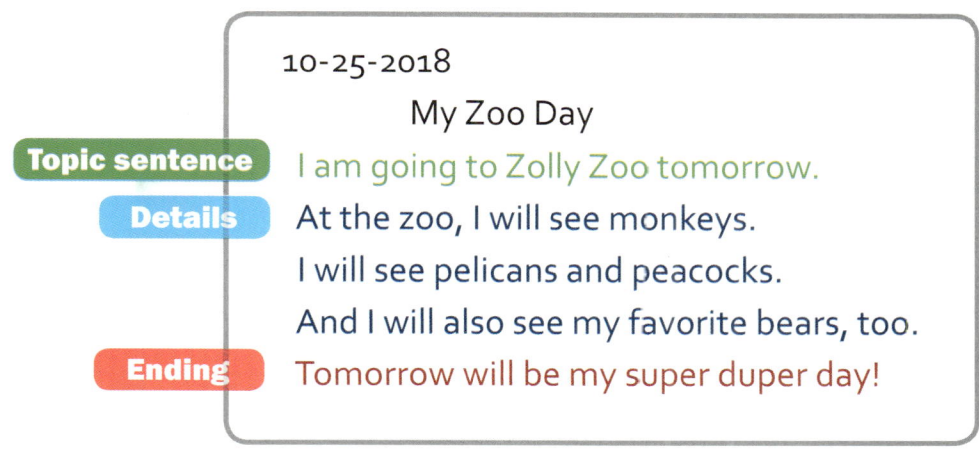

Shared Writing

교사가 함께하려고 하는 글의 주제와 형태를 미리 말해주고 아이들과 함께 해보는 쓰기를 Shared Writing이라고 합니다. Shared Writing이란 먼저 주제를 정하고 그 주제를 이끌 대표 문장(topic sentence)을 대화를 통해 기록해줍니다. 다음엔 첫 문장을 설명할 세부적인 내용(supporting details)들을 기록해주거나 아이가 나와서 기록을 마무리하게 합니다. 마지막 문장은 전체 주제를 아우르는 것이 되어야 함을 말해주고 그것이 무엇일지 대화한 뒤 기록함으로써 마무리합니다. 아이와 함께하는 글쓰기는 아이들 모두의 참여도를 높여 주고 쓰기 실력 향상에 큰 도움을 줄 것입니다.

Guided Writing

Guided Writing이란 아이가 자신의 생각을 직접 기록하게 하되, 주제와 형식 등 글쓰는 과정에서 선생님이 적절한 도움을 주는 글쓰기를 의미합니다. 선생님은 아이들이 쓰게 될 글의 주제와 형태(스토리/리스팅/매뉴얼/수수께끼 등)를 말해주고 아이 곁에서 함께 아이디어를 고민해주며, 충분하고 적절한 세부사항이 들어있는지, 마무리는 처음 문장에 잘 들어맞는지, 한 가지 주제에 따른 일관성 있는 문단이었는지 함께 고민하여 정리해줍니다.

Independent Writing

아이 스스로 기획하고 글을 구성하며 마무리하게 하는 글쓰기를 Independent Writing이라고 합니다. 아이 스스로 문장과 문단을 구성하고 글을 마무리할 수 있을 즈음부터는 주제와 글의 형태 등에 대한 안내를 해주고 아이 스스로 기획하며 글을 구성할 수 있도록 합니다.

잘하든 못하든 다양한 유형의 글을 많이 써 본 아이들이 쓰는 과정에서 자신의 생각이 정리되고, 표현하는 기술도 배우게 되며, 논지를 던지거나 마무리하는 훈련, 또 일관성 있게 자신의 생각을 펼쳐가는 훈련이 되므로 '완벽한 글'에 집착하지 말고 '많은' 글쓰기, 즉 읽기로 시작한 모든 수업은 글쓰기로 마무리될 수 있도록 합니다.

Writer's Workshop

아이들이 모여서 주제와 관련된 텍스트를 읽고, 토의를 하며, 조사와 실험 등의 과정을 거쳐 주제와 관련된 프로젝트를 다양한 형태로 마무리하는 것을 Writer's Workshop이라고 합니다. 예를 들어 사회나 과학 영역과 관련된 이슈를 교사가 던져주면 아이들은 그룹별로 모여 관련된 텍스트를 읽고 또 자료를 수집하고 실험도 해보며, 주어진 정보들을 토론을 거쳐 정리한 뒤, 프로젝트를 완성하는 것입니다.

그룹이 함께하는 프로젝트는 연간 4회 정도 건 당 4주 이상의 시간을 두고 진행하며, 그 사이 아이들은 조사, 실험, 자료 수집, 토론 등 다양한 방법으로 프로젝트를 완성하게 합니다.

워크샵을 통해 프로젝트를 하다보면 아이들은 스스로 지식을 탐구하는 능력, 학습에 대한 동기부여, 리더십, 협업 능력, 그리고 주어진 프로젝트를 기획에서 완성까지 마무리하는 능력 등을 갖게 될 것입니다. 이는 또한 문제해결, 정보처리, 창조적 활용 능력을 위한 가장 확실한 훈련의 기회가 될 것입니다.

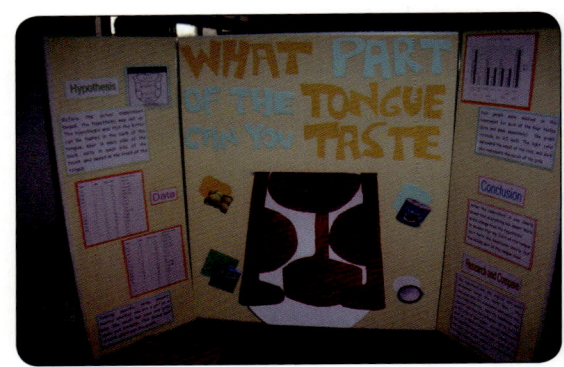

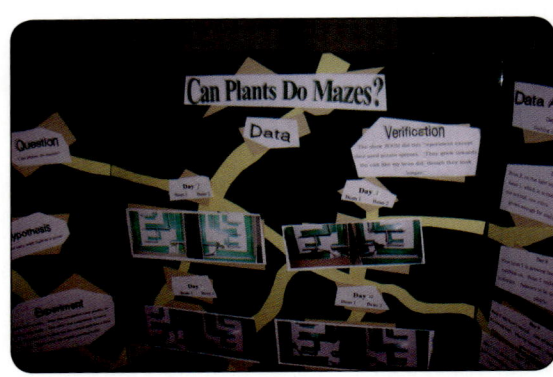
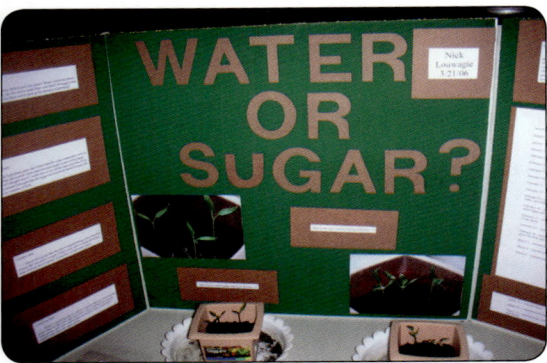

2. 유형별 글쓰기(Forms of Writing)

글쓰기는 쇼핑리스트부터 좋아하는 장난감 이름 쓰기, 코끼리의 특징 다섯 가지 써 보기 등 무엇이든 쉽고 가볍게 시작하는 것이 좋지만 문장 구성을 해낼 수 있는 아이들을 위해선 조금씩 다양한 유형의 글쓰기를 경험하게 하는 것이 좋습니다. 아이들이 익혀두어야 할 글쓰기 유형으로는

Narrative Writing (Story)
일기나 편지, 스토리 형식의 글로 일어난 일을 기록(What happened?)하는 글

Expository Writing (Manual Writing)
안내문이나 메뉴얼, 소개글 등 '어떻게'를 중심으로 필요한 정보를 정리한 글

Descriptive Writing (Report Writing)
동물이나 식물, 인물이나 장소 등 사물이나 현상을 관찰, 조사한 후 보고서 형식으로 작성된 글

Persuasive Writing
사실이나 현상에 대한 자신의 분명하고 강한 입장을 밝히고 설명하는 글

Poetic Writing
라임이나 두운, 그리고 다양한 시적 기법을 사용하여 자신의 느낌과 생각을 함축적으로 표현한 글

등이 있습니다.

위의 다섯 가지 유형의 글쓰기를 한 자리에서 진행한다고 가정해봅시다. 햄스터라는 애완동물을 주제로 통합적인 글쓰기 작업(Writer's Workshop)을 진행해 본다면 아래와 같습니다.

<All About Hamsters>

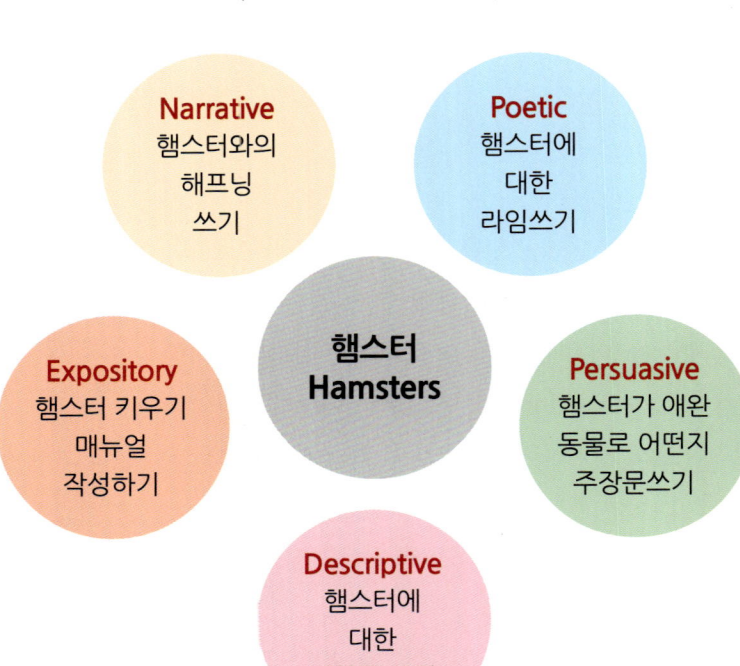

위와 같이 한 가지 주제를 가지고 관련된 ①다양한 책(스토리북과 논픽션)을 읽어보고, ②온오프라인을 통해 더 많은 정보들을 찾아 ③다양한 유형의 글쓰기와 프로젝트를 진행할 수 있다면 아이들은 무엇보다 쓰기에 대한 자신감을 얻게 될 것입니다. 또한 자기주도적인 학습 태도 및 기획력과 수행 능력을 가진 지식인으로서 멋진 성장을 기대할 수 있게 될 것입니다. 아이들이 처음 시작해보는 쓰기 프로젝트는 아래와 같습니다.

3. 처음 만나는 글쓰기의 실제 (Early Writing Practice)

글을 모르는 아이라도 해 볼 수 있는 글쓰기 프로젝트는 아래와 같습니다.

① 알파벳북 만들기 (Alphabet Book Making)

알파벳 북을 읽고 병풍책이나 미니 알파벳북을 만들어봅니다. 어휘에 대한 관심도 높아지고 책을 만드는 동안 많은 단어를 보게 되며 철자 연습도 이루어질 수 있습니다.

〈알파벳 북 만들기와 함께할 동화책〉 〈알파벳 사전〉

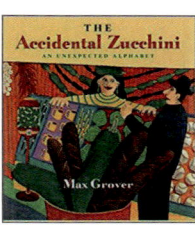   

② 스토리북 만들기 (Storybook Remaking)

Brown Bear와 같은 패턴북이나 논픽션 리더를 중심으로 아이도 책을 만들어보게 합니다.

  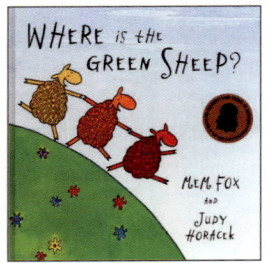

〈Book Remaking 샘플〉

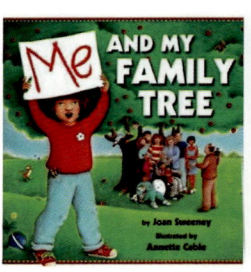 

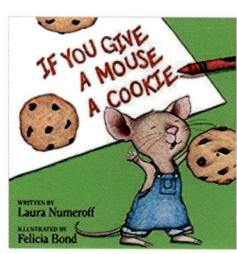

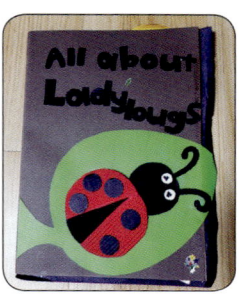

또한 나라나 역사적 인물에 관한 논픽션을 읽고 정보를 모아 관련된 그림이나 사진을 넣어 책을 만들어보게 합니다.

나라의 경우: 인구, 크기, 기후, 위치, 문화, 언어, 생활양식, 주식… 등

인물의 경우: 시대적 상황, 특징, 공헌한 점 등

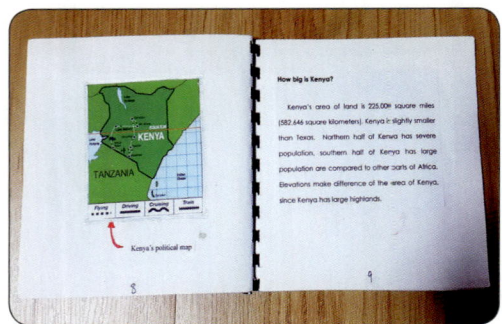

③ **리스트 만들기 (Writing a List)**

쇼핑 리스트나 내가 좋아하는 음식 리스트 등 책을 읽고 나서 관련된 정보들을 나열하여 리스트를 작성해보게 합니다.

<리스트 쓰기에 좋은 그림책>

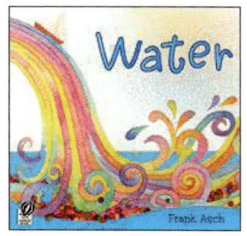 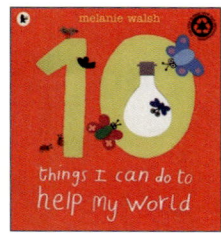 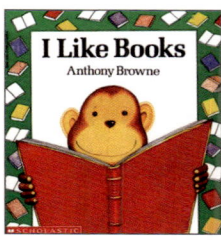 

④ 자기 소개하기 (Writing a Portfolio)

교사가 만들어준 간단한 책자 틀에 이름과 나이, 좋아하는 색과 취미 등 빈 칸을 채워 자신을 소개하는 글을 써보게 합니다.

〈자기 소개서로 활용할 그림책〉

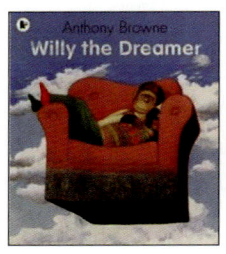  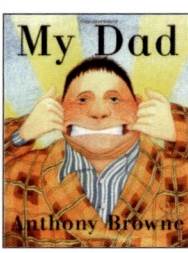 

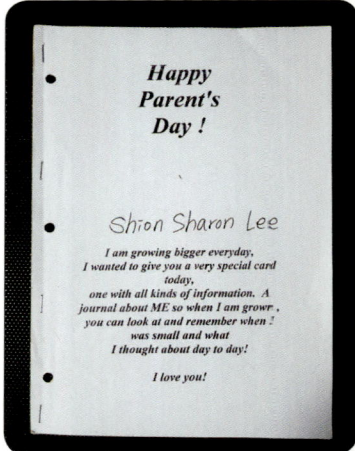 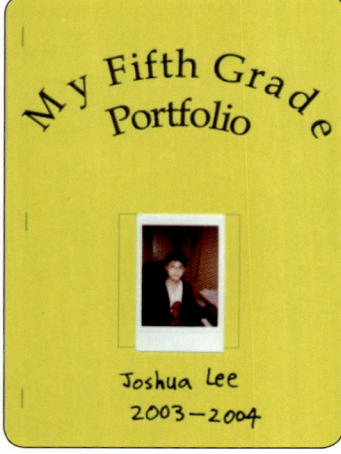

⑤ **포스터 만들기 (Writing a Poster)**

과일이나 동물, 나라 등의 주제를 가지고 필요한 정보와 그림들을 모아 포스터를 만들어보게 합니다. 영어를 잘하지 않아도 구성이 가능하며 단어와 구, 문장을 기록하는 과정에서 아이들은 어휘와 문장도 익히게 될 것입니다.

<포스터 구상용 추천 그림책>

 엄마가 하지 말라는 것을 포스터로 만들어보기

 공룡의 종류를 포스터로 정리하기

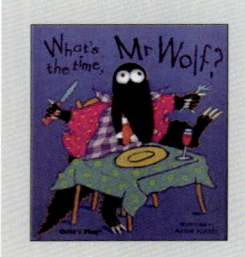 나의 일과표 만들기 일과를 영어로 기록하기

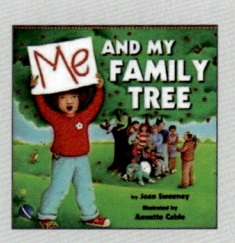 Family Tree 만들기

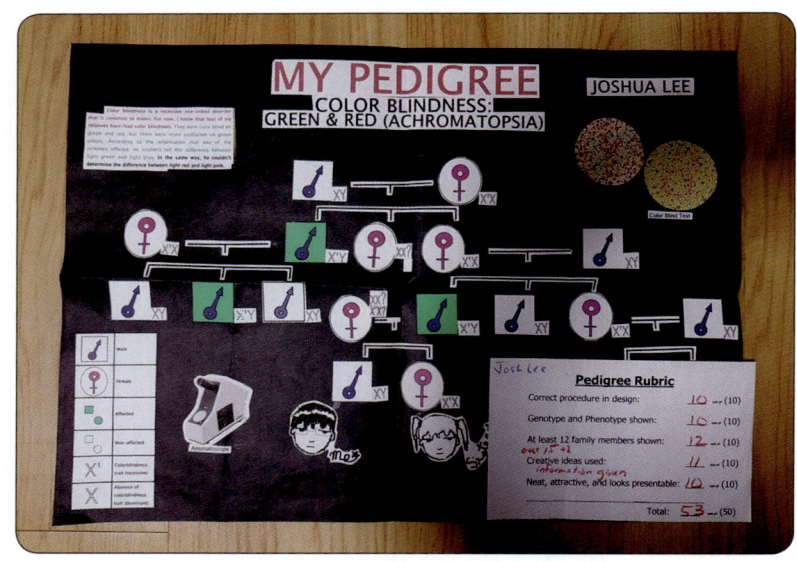

<그림책 또는 주제별로 된 논픽션 과학 시리즈>

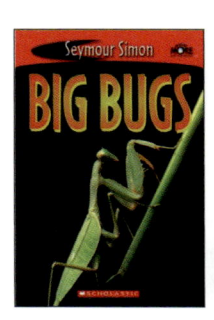

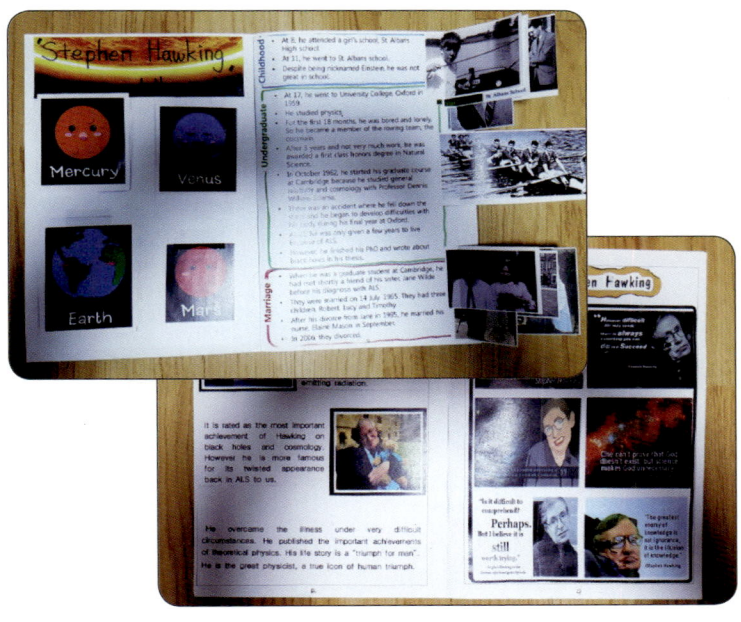
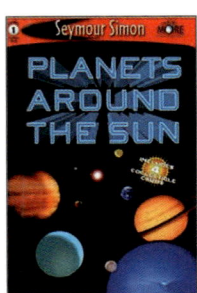

⑥ 그림에 설명 한마디 붙이기 (Writing a Caption)

생각할 거리가 있는 스토리 표지를 그려보게 하고 그 그림에 남기고 싶은 한마디(글 속에 있는 문장이나 자신이 직접 만든 문장으로)를 기록하게 합니다. 시작하는 말은 교사가 써주고(예: "If you give a mouse a house…") 아이들은 그 말을 넣어 문장을 자율적으로 완성해보게 합니다. 스토리 리뷰를 잘 못해도 독자로서 글에 대해 평가할 기회를 주는 것이며 지식활동과 문장 연습을 위한 훈련이 됩니다.

<캡션 만들기 좋은 그림책>

Don't let the pigeon...

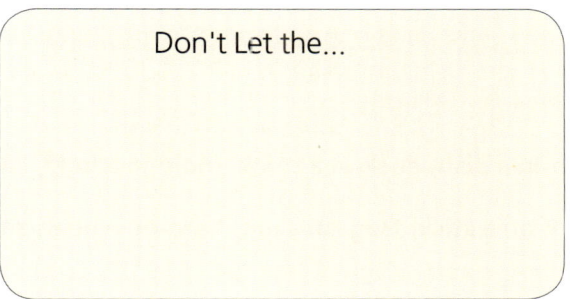
Don't Let the...

I want to be like...

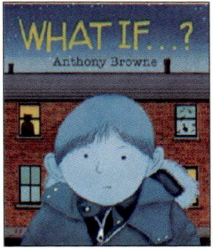
What if there...

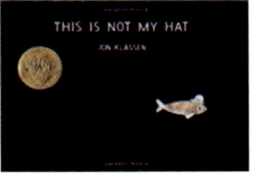
I stole it because...

There was an old lady who...

We are the...

⑦ 시 쓰기 (Writing a Poem)

시 따라 쓰기는 어떤 면에서 가장 쉬운 쓰기가 되어줄 수 있습니다. 동요책이나 라임동화를 읽고 라임을 넣거나 첫소리를 반복하는 시를 만들어보게 합니다. 괄호를 한 부분을 자신이 원하는 다른 라임으로 바꿔 시를 쓰고 그림을 그려넣게 합니다. 아이가 그린 그림을 잘 완성하여 전시합니다.

〈예〉 fish-in a dish, duck-in a truck, mole-in a hole, cat-in a hat, mouse-in a house, chick-on a stick, frog-on a log, hare-on a pear, snake-on a cake, snail-on a whale…

〈라임을 따라 응용한 시〉

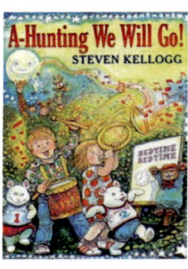
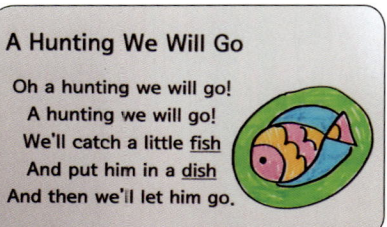

Oh a hunting we will go,
a hunting we will go.
We'll catch a little (fox)
and put him in a (box)
And then we'll let him go.

Mouse on house, house on mouse 등 아래 라임 단어를 활용하여 기괴한 그림을 붙여 Hop on Pop과 같은 제목을 넣고 글을 구성해보게 합니다. 3~4가지를 만들어 포스터 형태의 병풍책으로 마무리합니다.

ball-wall, mug-jug, sheep-jeep, bug-rug, fan-van, moon-spoon, book-hook 등

<라임 따라하기를 위한 추천 그림책>

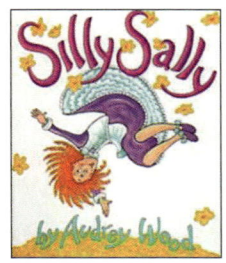 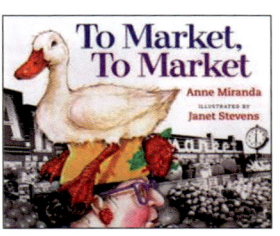  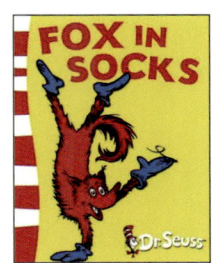

<두운을 따라 응용한 시> *두운: 시나 문장의 첫머리에 같은 소리가 나는 글자를 다는 일

Peter Piper picked a peck of pickled peppers.
A peck of pickled peppers Peter Piper picked.
If Peter Piper picked a peck of pickled peppers,
Where is the peck of pickled peppers Peter Piper picked?

A, a, angry Andy Alligator and an ant with an ax!
B, b, busy buzzing bee on a big brown basket!
C, c, creamy carrot cookies in a colorful cart!
D, d, a dragon and a dinosaur in a deep, deep darkness!

⑧ 수수께끼 문제 만들기 (Writing a Riddle)

동물이나 자연을 주제로 한 글(논픽션)을 읽고, 문장 구성 연습 및 사물을 묘사하는 훈련을 하게 합니다. 아이가 문제 내고 싶은 동물이나 사물을 생각하고 '스무고개' 게임 문제를 내듯이 묘사하는 문장을 5-6개 적어보게 합니다. 아이들 앞에서 문제를 내면 아이들은 그 사물이 무엇인지 함께 알아 맞춰 봅니다.

<수수께끼>

<Elephant>
It's a big animal.
It lives in the jungle.
It has long nose.
It has two big flat ears.
It likes to march.
What it it?

<Sunglasses>
I am very handy. I protect important body parts. I make people look fancy. People do not use me while raining. What am I?

<수수께끼 만들기를 위한 추천 그림책>

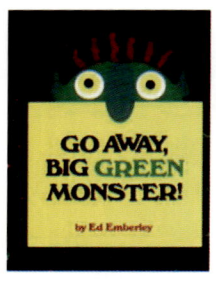   

⑨ 북 리뷰 (Book Review)

책을 읽고 커버 그림과 함께 간단히 북리뷰를 해보도록 훈련합니다. 북리뷰를 할 때엔 기초 3문장으로 시작하고 한 문장마다 교사가 가이드를 해줍니다.

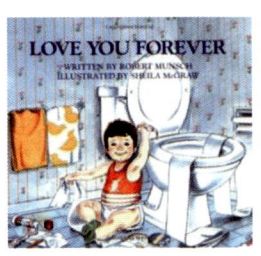

Name: Sharon Lee

Title: Love you forever

Author: Robert Munch

Summary: There was a baby born. The mother always song a Song. Then the baby grew, grew, and grew. But the mother kept singing a love song. While he was sleeping. Then mother grew older and the son song the song. Then something bad happened. The mother died. And the son kept sining the song for his daughter.

Why you should read it: Because the mother cared her child so much all the time. I think mother was a wonderful person.

〈북 리뷰를 위한 팁〉

① Title/Author/Illustrator/Summary/Comment 등의 항목을 기록하게 하거나 틀을 제공하여 기록하게 한다.

② 먼저 날짜와 이름, 책 제목과 저자 등을 기록한다.

③ 문장1 Giving Theme: What is it about?

첫 문장은 이 스토리는 어떤 스토리인지 한 문장으로 표현하게 한다.

예: Dear Zoo is a story looking for a pet.

④ 문장2 Brief Summary: How did the story go?

A. 이 스토리가 어떻게 되었는지 한 문장으로 요약하게 한다.

In the story, some animals are sent back to the zoo because they are not pets.

However, the perfect match, a dog, arrives in the end.

⑤ 문장3 Opinions: What do you think about the story?

이 스토리에 대한 아이의 생각을 한 줄로 정리하게 한다.

I am so glad for the story because its ending was wonderful.

⑥ 문장4 Final Words: 책에 대해 하고 싶은 마지막 한마디를 기록한다.

⑦ Date/Name

리뷰를 마무리할 때는 날짜와 이름을 함께 적도록 한다.

날짜는 일-월-년 순서로 기록한다. 예: Feb. 20th, 2018 또는 02-20-2018

⑧ 리뷰와 함께할 명장면을 그리게 하여 리뷰를 완성한다.

⑩ 문단 만들기 (Paragraph Writing)

설명문이나 소감문 등을 다섯줄 문장으로 된(글쓰기 형식을 갖춘) 가장 간단한 문단으로 구성해보게 합니다. 문단이란 한 개의 아이디어로 구성되어야하며, 문단 전체를 이끌 대표 문장(Topic Sentence)과, 이를 뒷받침해주는 세부 내용들(Supporting Details), 그리고 문단에서 꺼낸 아이디어를 정리해주는 마무리 문장(ending sentence)으로 이루어집니다. 유형과 형식을 갖추고 3~5개의 문단으로 이루어진 에세이(Essay Writing)도 결국은 이렇게 잘 정리된 문단들이 모여 만들어지는 것이므로 문단을 만드는 훈련에 큰 도움이 될 것입니다.

Title	What Is a Frog?
Topic Sentence	A frog is a fun animal.
Supporting Details (is, has, can)	It is an amphibian. It lives in water and land. It has three different bodies when it grows. It can sing and swim. It can run and jump so well.
Ending Sentence	A frog has lots to learn about.

Of all those arts in which the wise excel, Nature's chief masterpiece is writing well.

John Sheffield

예술의 꽃은 쓰기라고 말합니다. 글로벌 키즈들이 자신의 생각과 의견을 글(영어)로 표현할 줄 아는 시대의 지식인으로 잘 성장하기 위해서는 우선,

1. 픽션과 논픽션 등 다양한 장르의 글(책)을 많이 읽게 해주고
2. 자신의 지식과 생각을 표현할 기회를 많이 제공해주며
3. 읽기나 매뉴얼 관찰문이나 주장문, 시 등 다양한 종류의 쓰기 경험을 해보게 하고
4. 글을 쓸 땐 문법이나 철자에 매이지 않고 그림을 그리듯 편하게 글을 쓸 수 있는 환경을 만들어주고
5. 아이들이 작업한 글은 멋진 작품으로 전시하고 때론 설명할 무대를 만들어주어

글쓰기에 대한 자신감과 보람을 느끼도록 지지해주도록 합니다.

쓰기가 편안하고 자연스러운 아이가 되고, 그 사이 지식과 생각을 표현할 줄 아는 훈련이 된 후에는 형식과 틀을 잘 갖춘 글쓰기를 위한 본격적인 훈련을 통해 21세기를 이끌 멋진 지식인으로 성장할 수 있게 될 것입니다.

그림책과 영어독서지도
chapter 12

수업 기획
Lesson Planning

Anything and everything done in the classroom must be justified. Bobbi Fisher.

1. 교실 운영(Classroom Management)

가정이 아니라 교실에서 읽기 수업을 진행하는 경우에는 수업 시간과 교실 상황, 학생 상황 등 현장에서 이루어질 다양한 변수에 대비하여야 하며 최상의 수업 효과를 거두기 위해, 교실 운영에 필요한 요소를 체크해야 합니다. 정리해보면 다음과 같습니다.

CLASSROOM SETTING

영어 독서 지도를 위한 최상의 교실 환경이란 무엇보다 책 읽어주기가 가능한 읽기 공간과 워크북, 수업 교구 등과 함께하는 테이블 활동 공간을 동시에 확보하는 것입니다. 먼저 책읽어주기 공간으로 아이들을 초대하여 책과 만나거나 단체로 책 읽기를 하는 시간을 가진 뒤 테이블로 이동하여 학습 게임과 활동북 등을 하도록 교실을 구성합니다.

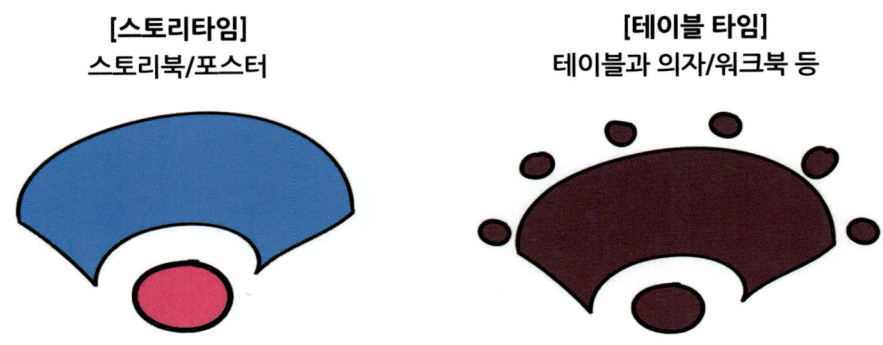

BOOKS AND MATERIALS

① 전체진행용: 빅북, 포스터, 스토리 리텔링용 융판 자료, 포인터, 칼라펜, 오디오 등

② 참여 활동용: 카드, 수첩, 빙고판 등

③ 개인용: 활동북이나 워크싯 등의 자료를 고루 준비하여 다양하고 재미있는 수업이 되도록 합니다.

RULES AND ROUTINES

수업이 시작되면 진행 방식과 교실 규칙을 알려주어 질서 있고 준비된 수업이 이루어지도록 훈련합니다. 친근하지만 확고한 교사로서의 모습을 잃지 않도록 하고, 미소와 함께 긍정의 언어를 사용하도록 하고, 언제나 아이들 모두가 입을 다물고 준비가 되었을 때만 말하도록 합니다.

CLARIFICATION

아이들은 교사의 통제를 받는 단순한 참가자가 아니라 교육의 주체임을 고려할 때, 오늘 배울 내용과 달성할 목표, 그리고 진행 과정을 알아야 할 권리가 있으며 또한 그렇게 할 때 아이들은 학습에 대한 의욕과 기대, 보람을 얻을 수 있습니다. 수업이 시작될 땐 항상 그 날의 교육 내용을 공유하도록 합니다.

CHOICES

수업 중 혹은 집에서 몇몇 그룹 활동이나 과제 등 가능한 곳엔 선택할 수 있는 기회를 주어아이들이 주인의식을 가지고 학습에 임하게 합니다.

① 숙제: 다섯 권 중 세 권 골라서 읽어오기

② 숙제: 사전에서 단어 뜻 찾아오기 또는 샘플 문장 만들어오기

③ 학습센터 선택하여 참여하기(게임, 받아쓰기, 워크싯 풀기 등)

④ 읽는 연극에서 역할 선택하기 등.

CELEBRATION & REWARD

아이들이 글을 읽거나 쓰기, 프로젝트 등을 할 땐 무엇이든 끝까지 완성해보도록 격려하고 아이가 작업한 것은 전시와 발표의 기회를 주고 포상하여 학습 의욕을 느끼게 해주고 성취감을 가질 수 있도록 합니다.

리터러시 전문가들에 의하면 처음 영어를 접하는 아이들로부터 수업 성과를 거두기 위해선
① 한번 읽었던 (익숙한) 책으로 반복읽기를 할 것.
② 익숙한 게임을 반복할 것.
③ 그림카드나, 차트 등을 사용하여 이해를 도울 것.
④ 간단한 단어나 한 문장이라고 배운 것을 써보게 하여 표현할 기회를 줄 것.
⑤ 아이들을 능력별로 분류하여 차별화된 그룹활동을 하게 할 것.
⑥ 손으로, 몸으로, 입이나 눈 등이 참여할 다양한 활동을 하게 할 것.
⑦ 아이들에게 다양한 선택 기회를 줄 것 (카드 고르기 등).
을 강조하고 있습니다.*

좋은 수업은 아이들을 즐겁게 하는 것이나, 하루의 수업 분량을 채우는 데 있지 않습니다. 잘 기획하고 준비된 수업은 즐거움과 의욕을 주고, 최상의 학습 효과를 거두게 합니다. 선생님에 대한 의존도가 높은 어린 연령의 아이들, 제2의 언어를 배워야 하는 아이들인만큼 교사들은 더 잘 준비된 수업으로 아이들을 맞이할 수 있어야 합니다.

---

*Brewster, Jean. Ellis Gail. Denis Girard. The Primary English Teacher's Guide. London:Penguin English. pp.226

2. 단계별 핵심 활동(Levels and Key Activities)

그림책과 함께하는 수업은 아이들의 연령에 따라 다양한 요소를 고려하여 기획되어야 하며, 전체의 교육과정에 일관성과 분명한 목표를 가지고 이루어져야 단계에 맞는 교육적 열매를 기대할 수 있습니다.
수업 기획을 위한 단계별 핵심 요인은 아래와 같습니다.

① 영아기(0-1세) 그림책과 함께하는 즐거운 언어 경험
   자연스러운 교육 환경 가운데 언어활동과 지식활동이 활발히 일어나는 시기이므로 아기 컨셉북 및 토들러에게 읽어줄 책 등 다양한 영어그림책과 동요 등을 가까이 할 기회를 주고 무엇보다 책 읽어주는 시간을 자주 확보하도록 합니다.

② 유아기(1-3세) 그림책을 중심으로 한 풍부한 언어환경 (알파벳)
   패턴북이나 라임북 그리고 알파벳북과 송북을 통해 다양하고 즐거운 독서경험을 하도록 도와주고, 특별히 영어동요를 많이 듣게 하며, 책 읽어주기가 여전히 가장 중요하고 조금씩 알파벳 색칠공부 책 등을 통해 철자와도 친해지고 손으로 알파벳이나 그림을 표현해보게 도와줍니다.

③ 유년기(3-6세) 그림동화와 독서지도 (파닉스)

스토리로서의 구성력을 가진 멋진 그림동화들이 본격적으로 필요한 시기이며 캐릭터 시리즈를 통해 책이 친구가 될 기회를 주고, 무엇보다 책을 깊이있게 만나도록 책 읽어주는 시간을 확보하도록 합니다. 체계적인 알파벳과 파닉스를 서서히 시작하여 문자언어로의 진입을 도와줍니다. 또한 읽기 쉬운 책을 통해 아이가 읽기에 참여하도록 종용합니다.

④ 아동기(6-12세) 그림동화, 논픽션, 챕터북과 독서지도 (유창성, 글쓰기)

친구가 좋아지고 학교를 중심으로 본격적인 사회활동이 시작되는 시기이지만 동시에 문자 언어를 중심으로 본격적인 독서가 시작되는 시기이기도 합니다. 이 시기엔 무엇보다 그림책과 논픽션 등 다양한 장르의 책을 경험하도록 도와주고, 본격적이고 체계적인, 그리고 통합적인 문자언어 교육을 통해 스스로 책을 읽을 수 있는 아이가 되도록 합니다.

또한 아동기는 본격적인 지식 활동이 시작되는 시기이므로, 책을 유창하게 읽을 수 있도록, 다양한 유형의 독서가 가능하도록, 챕터북 읽기에 성공적으로 진입할 수 있도록 도와줍니다.

위에서 언급한 단계별 핵심 활동과 핵심 도구들을 도표로 정리하자면 다음과 같습니다.

단계별 도서와 핵심활동

YEARS	도서 BOOKS TO READ	책 읽기 READING ACTIVIES
0-1	워드북, 아기놀이북 NAME BOOKS, BABY PLAY BOOKS	읽어주기 DAILY READ ALOUD
1-3 YEARS	그림책 PREDICTABLE PATTERN BOOKS	읽어주기 DAILY READ ALOUD ALPHABET
3-6 YEARS	심플스토리북, 캐릭터 시리즈 STORYBOOKS CHARACTER EPISODES	읽어주기와 함께 읽기 DAILY READ ALOUD SHARED READING PHONICS
6-12 YEARS	스토리북, 논픽션, 챕터북 STORYBOOKS NONFICTION READERS CHAPTER BOOKS	읽어주기, 함께 읽기, 혼자 읽기 READ ALOUD, SHARED READING INDEPENDENT READING READING FLUENCY EARLY WRITING

3. 수업 과정(Teaching Process)

아이들의 연령과 단계, 그리고 교실 환경에 따라 수업의 형태는 다양하게 이루어져야 합니다. 그러나 책 읽기와 함께하는 독서 수업은 통으로 된 스토리를 만나는 일과 책 안에 담은 언어적 요소, 그리고 스토리적인 요소 하나 하나를 살피는 일, 그리고 이 모든 것을 아울러 정리하고 다양한 영역으로 연계(창의적 활용)하는 일과 함께하는 통합적인 과정이므로 일관성 있고 효율적인 수업을 위해 기준이 필요합니다.

독서활동과 언어활동을 자연스럽게 녹여낸 ***Whole Language***(체계적이고 직접적인 파닉스가 빠져있어 이것만으로는 부족하다는 지적을 받아오긴 했지만) 에서는 책 읽기와 함께할 이상적인 수업 모델(수업 과정)을 보여주고 있는데 이를 좀더 자세히 정리해보자면 다음과 같습니다.

WHOLE-PART-WHOLE PROCESS

1. Whole

   통으로 된 텍스트, 즉 책을 읽는 것으로 수업을 시작한다.

   책에 대한 사전 지식활동, 읽기 활동, 텍스트 리뷰 등

2. Parts

   소리와 문자, 단어와 문장 유창성 훈련 등 텍스트에 들어있는 언어적인 요소를 순차적으로 다룬다.

3. Whole

   다시 읽기, 주제 연계 프로젝트와 발표 다양한 활동으로 마무리한다.

REAL READING PRACTICE

읽기를 배우는 과정에 있는 아이들 수업에서 빠져선 안 되는 중요한 활동 중 하나는 실제적인 책 읽기 활동입니다. 책을 줄줄줄 읽을 수 있는 아이가 되게 하려면 파닉스나 단어 학습 등 문자언어에 관련된 그 어떤 활동보다 읽기를 연습하는 시간 자체를 확보하는 것이 가장 중요하기 때문입니다. 그러므로 세부적인 언어활동을 마무리하는 과정엔 반드시 읽기 활동을 넣어 그날 접한 텍스트를 반복해서 읽을 수 있는 시간을 갖도록 합니다.

END WITH A PROJECT(WRITING)

영어독서지도란 책을 중심으로 언어활동과 지식활동을 아우르는 통합 수업이므로 읽기로 시작하여 프로젝트를 동원한 쓰기로 마무리되도록 합니다. 간단한 그림책을 접하는 유아들의 수업에선 간단한 만들기로 마무리하고, 스토리북을 읽는 아이들의 수업에선 쓰기와 함께 하는 다양한 프로젝트로 마무리합니다.

수업 계획 (Lesson Planning)

LESSON PLAN, SAMPLE 1

TITLE	Dear Zoo	
AUTHOR/ILLUSTRATOR	Rod Campbell	
SUBJECT	Animals that came from the zoo	
THEME	Finding the animals that can be pets	

CLASS	Kindergarten (Age6)	TIME	40 Min.

GOAL		1. Identify zoo animals and pets. 2. Hear and say the names of the animals. (word meaning & syllabication)
KEY ACTIVITIES	STORY	Animals names
	LANGUAGE	Hearing beginning sounds and syllables of the animals Matching the names with its beginning letters Key Sentence: "I sent him back."
THE PROCESS	STORY READING	Before Reading Let children say why is the animal in the box and what does the memo say. During Reading Let children guess what's in the box before you open.
	LANGUAGE ACTIVITIES	Words and Beginning Sounds Hearing beginning sounds of the animal names Syllable Counting Hearing syllables in each word Sentence Practice "I sent him back!"
	WRAP UP	Story Review Let children answer who was in the story, what the problem was and how it was solved. Making Connection Let children make a mini book of the Dear Zoo
MATERIALS		animal picture cards, alphabet cards, project materials for the mini-book
EVALUATION		Children knew the names of the animals. Children understood why the puppy was perfect.

수업 계획서 (1권/1회 수업)

TITLE	Dear Zoo	
AUTHOR/ILLUSTRATOR	Rod Campbell	
SUBJECT	동물원에서 온 동물들	
THEME	집에서 키울 만한 동물 찾아보기	

CLASS	유치원(만6세)	TIME	40분

GOAL	1. 야생 동물과 애완 동물의 특징 2. 동물 이름 정확히 말해보기	
KEY ACTIVITIES	STORY	동물 이름들
	LANGUAGE	동물 첫소리와 음절 듣기 동물 이름의 첫번째 소리오- 철자 매칭 핵심문장: I sent him back.
THE PROCESS	STORY READING	**Before Reading** 동물들이 어디 있고 메모엔 뭐라 써 있는지 나눠보기 **During Reading** 박스 안에 무엇이 새로 도착해 있는지 미리 생각하며 듣기.
	LANGUAGE ACTIVITIES	**Words and Beginning Sounds** 동물 이름에 들어있는 첫소리와 철자 익히기 **Syllable Counting** 동물 이름 음절로 끊어 발음하기 오늘의 문장: I sent him back. 연습하기.
	WRAP UP	**Story Review** 누가 스토리에 등장했나 묻고, 어떻게 했으며, 어떻게 해결됐는지 말하게 한다. **Making Connection** Dear Zoo 미니북 만들기
MATERIALS	동물그림카드, 알파벳카드, 미니북용 재료	
EVALUATION	동물 이름들을 익혔는지 살피기 강아지가 완벽한 이유를 이해하고 있는지 살피기	

LESSON PLAN, SAMPLE 2

TITLE	Mr. Gumpy's Outing
AUTHOR	John Burningham
SUBJECT	Boat riding with farm animals
THEME	A story about Mr Gumpy who was kind to the naughty animals

CLASS	1st Grade	TIME	40 Min.x 2Days

GOAL		1. Knowing the characteristics of the animals in the story 2. Knowing the action words.	
KEY ACTIVITIES	STORY	Understanding the sequence of the boat riding story	
	LANGUAGE	Naming and spelling the animal names and their action words Key sentences: practice the sentences inside the quotation marks.	
		Day 1	Day 2
THE PROCESS	STORY READING	Before Reading Ask children who are there and what is going on. During Reading In each page, let children guess what will the animals do.	Story Review -Ask children who were in the story last time. -Hear children's personal reflection Interactive Rereading -Do interactive rereading: 　Let children give chances to join your reading.
	LANGUAGE ACTIVITIES	Words & Beginning Sounds Check the animal names & Their beginning sounds	Review Animal names and their action words Sentenc review Sentences inside the quotation marks
	WRAP UP	Story Review Retelling the story by the teacher's storytelling	Making Connection Boat making Let chidlren make a boat and the animals.
MATERIALS		Word picture cards, sentences inside the quotation marks, craft materials	
EVALUATION		Children knew the animal names and their action words. Children learned from Mr. Gumpy who's generous and kind.	

수업 계획서 (1권/2회 수업)

TITLE	Mr. Gumpy's Outing
AUTHOR	John Burningham
SUBJECT	배를 타러 간 시골 동물들
THEME	말썽꾸러기 동물들에게 친절한 검피 아저씨

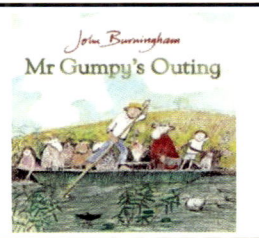

CLASS	1st Grade	TIME	40 Min.x 2Days

GOAL	1.스토리 동물들의 특징 이해하기 2.동물들의 동작을 나타내는 표현 익히기		
KEY ACTIVITIES	STORY	진행 순서(태우는 과정-실제의 여행-문제-해결) 이해하기	
	LANGUAGE	동물이름, 동작을 표현하는 어휘, 동물들이 표현한 인용 부호 속 문장	
		Day 1	Day 2
THE PROCESS	STORY READING	**Before Reading** 표지에 누가 무엇을 하는지 보고 보트 탄 적이 있는지 주의사항은 무엇인지 묻는다. **During Reading** 중요한 장면에서 미리 예측해보게 하고 페이지를 넘기기	**Story Review** -스토리에 누가 등장했었는지 묻는다. -스토리에 대한 개인적인 생각 나누기 **Interactive Rereading** -아이들이 교사의 읽기 일부분에 참여하게 하면서 읽는다.
	LANGUAGE ACTIVITIES	**Words & Beginning Sounds** 동물 이름과 첫소리-철자 익히기	**Review** 동물이름/첫소리-철자 리뷰 **Sentenc review** 'May I~"등 인용부호에 들어간 문장들 익히기
	WRAP UP	**Story Review** 교사가 말로 스토리를 리뷰해준다.	**Making Connection** 배와 배에 탄 동물들 만들어보기.
MATERIALS	단어그림카드, 인용부호속 문장 카드, 만들기 재료		
EVALUATION	아이들이 동물 이름과 이들의 행동을 표현하는 용어를 익혔는지 체크한다. 검피아저씨에게서 배려와 친절을 배웠는가 체크한다.		

LESSON PLAN, SAMPLE 3

TITLE	Henny Penny
AUTHOR/ILLUSTRATOR	H. Werner Zimmermann
SUBJECT	Birds who met a fox at a cave
THEME	Story about some birds who followed a hen without any reflection

CLASS	Grade 2~	TIME	45 Min. x Days

GOAL	1. Knowing how foolish it is to follow others with no reflection 2. Knowing the birds names and repeated sentences

KEY ACTIVITIES	STORY	Story flow and cause-effect
	LANGUAGE	Bird names Key sentences: "The sky is falling. We must go and tell the king."

		Day 1	Day 2
THE PROCESS	STORY READING	Picture Walking Let children tell who's on the cover and what are they doing?	Story Brief Review Let children say who was in the story and what happened.
		Read-Aloud Try to express how the birds saw the situation and how they act out.	Shared Reading Let children join your reading as you stop reading some parts.
	LANGUAGE ACTIVITIES	Words Main Characters Words with -y hen_ny, cock-y, duck-y	Word Review Main Characters Sounds and Letters (onset-rimes) Let children combine the letters to make a word. d+uck, c+ock, h+en, g+oose, f+ox
	WRAP UP	Personal Review Let children talk about the story.	Food Chain Project-1 Let children list the animals who eat only plants. Let them draw or collect the pictures. (herbivore)

MATERIALS	Word picture cards, Onset-Rime cards, graphic organizer for food chain
EVALUATION	Children understand what was wrong with the birds. Children build and manipulate the repeating sentences.

스토리로서의 구성력이 확실한 스토리북인 경우, 하나의 스토리로 4차시 정도 집중적인 수업을 하는 것도 의미있는 일입니다. 이런 집중 수업에선 읽고 지나가는 동안 다룰 수 없었던 수업의 다양한 요소를 깊이 있게 다뤄볼 수 있기 때문에 독서 훈련을 제대로 받을 수 있는 기회가 되기 때문입니다. 명품 문학서를 자칫 학습을 위한 도구로 다루다보면 독서 자체가 지루한 학습으로 보일 수 있으므로, 언어적인 면(주제별 어휘, 라임, 반복되는 문장)과 사고활동(원인과 결과, 문제와 해결, 일의 순서 등을 따져보고 토론하기에 좋은 동화) 면에서 끌어낼 요소가 많은 책만을 잘 선정하여 진행하기를 권합니다.

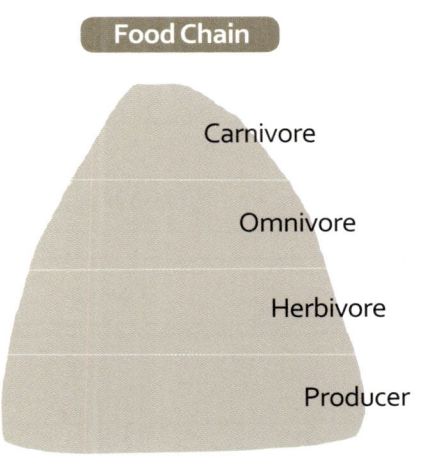

Day 3	Day 4	Extra Day
Story review (Sequence) Let children repeat the story in the story order.	Theme Connection (Extra Reading) The chick and the duckling	Reader's Theater Let children have the script. Let children read act out for the story while reading.
Shared/Guided Reading Let children join your rereading. Or let children share reading.	Choral Reading Let children point and read the story together.	
Sight Words Give children some sight words in the story and let them play. Sentence Building Let children combine the words to make a sentence.	Spelling Test Let children dictate some key words. Sentence Innovation Let children change the sentence with their own words. "The sky is falling. We must go and tell the king."	Project & Presentation Give children a big poster food chain chart like the one above. Let children fill in the boxes: Let them cut and paste the pictures they've collected. And write the names under the pictures. Disply and celebrate their group workd.
Food Chain Project-2 Let chidlren list the animals who eat plants and animals. Let them draw or collect the pictures. (omnivore)	Food Chain Project-3 Let children list the animals whc eat animals only. Let them draw or collect the pictures.(carnivore)	
sight word cards, sentence building materials (sentence strip, marker, scissors), props for Reader's Theater		

수업 계획서 (1권/4회 수업)

TITLE	Henny Penny	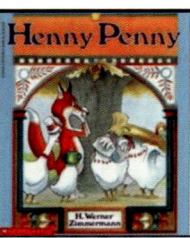
AUTHOR/ILLUSTRATOR	H Werner Zimmermann	
SUBJECT	여우를 만난 농장 새들	
THEME	남의 말만 듣고 따라간 어리석을 새들 이야기	

CLASS	Grade 2~	TIME	45 Min.

GOAL	1. 남의 말만 듣고 행동하면 위험에 빠질 수 있다는 교훈 2. 새들의 이름과 반복되는 문장들 익히기	
KEY ACTIVITIES	STORY	인과관계를 보여주는 스토리 흐름 이해
	LANGUAGE	새들의 이름, 반복되는 문장들

		Day 1	Day 2
THE PROCESS	STORY READING	**Picture Walking** 표지에 누가 나오고 무엇을 하는지 분위기가 어떤지 살피게 한다. **Read-Aloud** 새들의 상황과 반응을 잘 느낄 수 있도록 느낌을 살려 읽어주기.	**Story Brief Review** 스토리에 누가 나왔고 무슨 일이 생겼었는지 말해보게 한다. **Shared Reading** 스토리를 다시 읽어주고 중간 중간 반복되는 문장들은 아이들이 읽게 한다.
	LANGUAGE ACTIVITIES	**Words** 등장 인물의 이름 **Words with -y** hen_ny, cock-y, duck-y	**Word Review** 등장 인물의 이름 **Sounds and Letters** (onset-rimes) 초성과 중성 철자로 연결해보기 d+uck, c+ock, h+en, g+oose, f+ox
	WRAP UP	**Personal Review** 책에 대한 개인적인 느낌과 생각 듣기	**Food Chain Project-1** 식물만 먹는 동물 이름을 적고, 그림을 그리게 한다. 또한 사진을 모아오게 한다. (herbivore)

MATERIALS	단어카드, 철자카드(onset-rime)
EVALUATION	새들이 무엇을 잘못했는지 이해하고 있나 체크하기 반복되는 문장을 잘 익혔는지 체크하기

Animals in the Food Chain

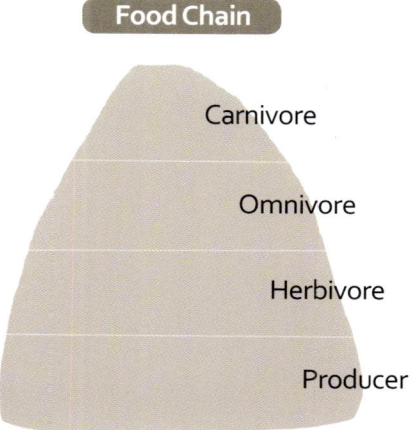

Food Chain

Day 3	Day 4	Extra Day
Story review (Sequence) 스토리의 핵심 내용을 이해하는지 질문을 통해 체크	**Theme Connection** The chick and the duckling 읽어주기 (남만 따라하면 안 된다는 교훈을 주는 그림동화)	**Reader's Theater** 스토리를 연극형 대사로 만들어 읽는 연극을 한다.
Shared/Guided Reading 책을 다시 읽어주는 동안 아이들을 읽기에 참여시키기. 또는 아이들이 읽게 하기	**Choral Reading** 아이들이 합창읽기나 발표읽기로 스토리를 다시 읽게 한다	
Sight Words 스토리에 등장하는 빈출기능어들을 수첩에 적어 따로 익혀본다. **Sentence Building** 오늘의 핵심 문장 "The sky is falling. We must go and tell the king."을 아이들 앞에서 기록하고 오린 뒤 문장으로 이어보게 한다.	**Spelling Test** 중요한 단어 6-8개를 받아쓰기한다. **Sentence Innovation** 아래 문장의 초록색을 다르게 바꾸 말해보게 한다. "The sky is falling. We must go and tell the king."	**Project & Presentation** 피라미드형 차트를 크게 만들어 나눠 주고 3회 동안 아이들이 그리거나 모은 사진, 그리고 단어를 써넣어 먹이 사슬 프로젝트를 완성하게 한다.
Food Chain Project-2 식물과 동물 모두를 먹는 동물 이름을 적고 그림과 사진을 모으게 한다. (omnibivore)	**Food Chain Project-3** 동물만 먹는 동물들 이름을 적고 그림과 사진을 모으게 한다.(carnivore)	
빈출기능어수첩(또는 카드), 문장 만들기용 스트립과 가위, 연극대본과 간단의상, 프로젝트용 재료		

> **Anything and everything done in the classroom must be justified.**
> *Douglas Fisher*

그림책과 영어독서지도
Appendix

레벨 테스트
Level Test

테스트는 철자 교육을 본격적으로 시작하는 시점에 활용하기로 하고 다음과 같이 시행해봅니다

알파벳 단계 테스트 (Phonemic Awareness and Print Concepts)

아래 항목들은 소리와 철자에 대한 기초항목으로서 전문가들은 파닉스를 하기 전에 훈련할 것을 권합니다. 이 책의 안내에 따라 소리와 철자의 기초를 진행한 경우, 아래 항목에 해당하는 문제를 4-6개 정도 주고 몇 개를 맞추는지 채크합니다. 아이가 어느 정도 맞추는지 더 필요한 부분은 무엇인지 살피고 본격적인 파닉스 수업을 시작하기 전에 평가합니다.

평가방법
1. 개인이나 단체 모두, 놀이처럼 사용이 가능하되 정확한 평가는 일 대 일로만 가능함.
2. 사진처럼 테스트에 필요한 장난감(한 음절로 된 단어에 해당되는 장난감)을 모아놓는다.
3. 교사가 말하는 장난감을 집어들게 한다.
4. 예를 들어 한 항목당 열 개 정도의 문제를 주고 그 중 아이가 여섯 개를 맞춘 경우 6/10 이라고 기록한다.
5. 질문한 수 전체와 맞춘 문제 숫자를 기록하여 어느 정도 잘 해내는지 평가한다.
6. 평가의 기준에 따라 같은 단계의 수업이 더 필요한지 다음 단계로 이동해도 되는지 판단한다.

1. 소리 인지 능력(Phonemic Awarness)

사진처럼 장난감들을 모아놓고 진행합니다.

샘플 단어: bug, cat, cow, duck, dog, fox, fan, gum, goat, house, horse, jet, king, log, mug, nose, nut, orange, pig, queen, rat, snake, top, vet, wolf, yarn, zebra

	Section	Questions	맞춘숫자/ 문항 수
1	Beginning Souds	첫소리 알아 맞추기 예: 첫소리로 /b/ 소리가 나는 것은?	/
2		첫소리가 같은 단어 맞추기 예: bear와 첫소리가 같은 것은?	/
3	Rhyming Words	라임으로 단어찾기 예: /ug/로 끝나는 것은?	/
4		라임 단어 찾기 예: bug와 라임이 같은 것은?	/
5	Phonemic Awareness	끝소리 찾기 예: /g/ 소리로 끝나는 것은?	/
6		소리 조합하기 /b/, /u/, /s/ 는 무엇일까요?	/
7		소리 분해하기 장난감 하나를 집은 후 음소별로 나눠보게 함 예: dog는? d-o-g로	/
8		소리 조작하기 /h/, /a/, /t/에서 /h/을 /b/으로 바꾸면? /b/, /u/, /g/에서 /g/를 /s/로 바꾸면?	/
		Total	/

2. 알파벳 철자 (Alphabet Knowledge)

	Section	Questions	맞춘숫자/문항 수
1	Alphabet Names	교사가 포인팅 하는 철자(10-12개 정도) 읽어보기	/
2		교사가 말하는 알파벳 카드 집기 예: 알파벳 m? dog의 첫소리에 해당하는 알파벳은 어디?	/
3	Sounds and Letters	소리에 맞는 알파벳 철자 찾기 예1: /s/ 소리가 나는 것은? 예2: cow의 첫소리에 해당하는 철자는?	/
4	Alphabet Shapes	대소문자 연결하기 예: (대문자 T를 보여주고) 소문자는?	/
5	Spelling Order	알파벳 기록하는 방법 테스트 예: 교사가 포인팅 하는 단어 기록해보기	/
6	Alphabet Order	알파벳 순서대로 정렬하기 예: 알파벳을 순서대로 모아주세요.	/
		Total	/

파닉스 단계 테스트 (Phonemic Awareness and Print Concepts)

파닉스란 소리언어를 대변하는 철자들을 인지하고 철자들을 조합하여 글을 읽고 쓸 수 있도록 지도하는 과정으로서 단자음으로 시작하여 단모음(단어 구성단계) 그리고 복자음과 복모음 등 단계적으로 학습합니다. 글의 50% 이상을 차지하는 빈출어(sight words)들을 위한 별도의 학습 및 읽기 실력 향상을 위한 실제적 읽기 훈련이 동반되는 통합적인 과정입니다.

따라서 파닉스 단계에 들어가기 전에 알파벳과 음가 인지 활동에 대한 평가를 통해 본격적인 수업이 가능한지 검토합니다. 그리고 파닉스 수업의 경우 단자음과 단모음 등 각 단계에서 필요한 교육이 제대로 이루어졌는지 아래 테스트를 통해 확인하고 다음 단계로 넘어가기를 권합니다.

1. 단자음 테스트 (Beginning and Ending Consonants)

받아쓰기 보드나 시험용 테스트지를 활용하여 교사가 말하는 단어의 처음과 마지막 철자(자음)를 기록하게 합니다. 12~15 정도의 문항 중 10개 정도를 맞춘 경우 단모음 수업으로 넘어갑니다.

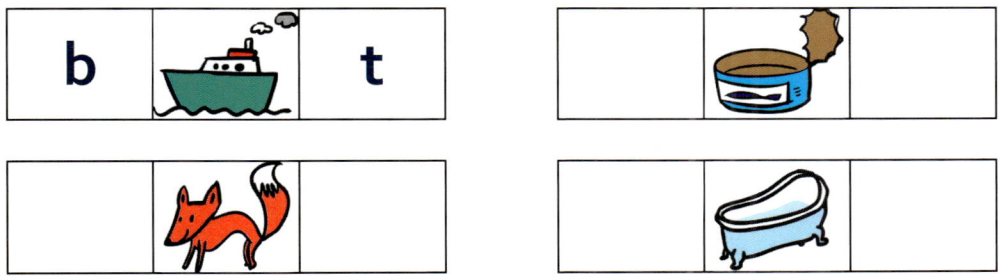

샘플 받아쓰기 단어

bus	bug	cat	can	dog	dad
fox	fan	gum	gas	hat	ham
jam	jug	kit	leg	mug	mat
nut	pig	pan	pot	rat	sun
top	van	vet	wig	wax	yam

2. 단모음 테스트 (Short Vowels and Word Building)

자음 사이 모음을 넣으면 철자들은 하나의 음절을 가진 단어가 됩니다. 즉 모음은 철자를 모아 단어를 구성하는 핵심 역할을 합니다. 따라서 단모음 단계에서 단어 만들기 받아쓰기를 하고 특별히 단어의 일부만 삭제하고 철자를 교체하여 단어를 수정하는 형태의 받아쓰기를 합니다.

문제의 예 1: 그림에 맞는 단어 쓰기

문제의 예2: 그림 없이 받아쓰기

① cat을 써주세요. ② cat을 cap으로 바꿔주세요. ③ cap을 map으로 바꿔주세요.

④ map을 mad로 바꿔주세요. ⑥ mad를 mud로 바꿔주세요.

샘플 받아쓰기 단어

can	map	gas	hat	fan	dad
jam	net	jet	hen	leg	pig
pin	kit	mix	fox	dog	top
pot	tub	sun	bus	sub	bug

3. 복자음 테스트 (Consonant Digraphs)

복자음 단계는 모음을 중심으로 앞뒤로 붙은 철자들을 읽고 쓰는 훈련을 하는 단계이므로 모음 앞뒤에 붙은 철자를 중심으로 빈 철자를 채워넣기, 그리고 교사가 불러주는(복자음 훈련용) 받아쓰기를 하도록 합니다.

(복자음) 빈 칸 채우기

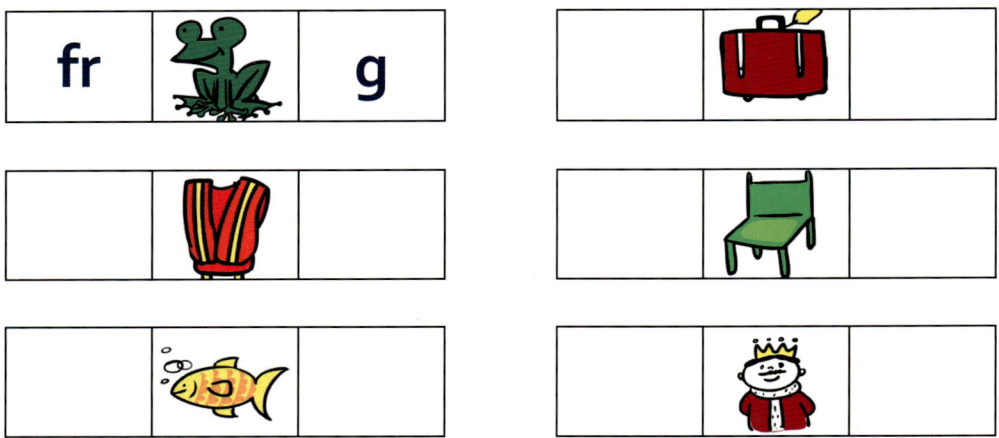

샘플 받아쓰기 단어

blink	brick	clip	crib	grand	glide
plum	print	scan	skunk	sled	drink
truck	twin	chin	ship	thin	whip
king	graph	comb	wrap	jump	help

4. 장모음 테스트 (Long Vowels and Vowel Blends)

장모음과 복모음은 두 개 이상의 모음 철자들이 모여 이루어진 단어들이므로 장모음과 복모음 학습을 위해 다룬 단어들을 중심으로 받아쓰기를 합니다. 장모음 테스트부터는 그림을 보고 철자를 기록하는 것보다 교사가 불러주는 단어를 받아쓰는 방법으로 시험을 보아 소리와 철자를 연결하는 테스트가 되도록 합니다.

장/복모음 샘플 단어

cane	pole	tube	mail	jeep	pine
boat	bark	bird	fork	bear	moon
paw	cow	mouse	toy	foil	night

이곳엔 철자 테스트까지만 수록합니다. 독서 능력 평가를 위해 어휘나 문장(문법), 글의 이해도를 묻는 문항도 필요하겠지만 그림책 단계에선 글을 읽어낼 수 있는 능력까지를 목표로 하여 진행하도록 합니다.

또한 그림책 단계의 아이들에겐 평가지를 통해 아이들의 능력을 점수화하는 용도로 사용하지 말고 다만 각 단계의 수업을 조금 더 진행하여 모자란 부분을 더 다뤄줄지 다음 단계로 넘어갈지 판단하는 자료로 활용하기를 바랍니다.

마무리하며

지구촌의 교류가 더더욱 활발해진 이 시대 영어를 읽고 쓸 수 있다는 건, 무엇보다 요긴한 생존의 도구가 아닐 수 없습니다. 또한 우리가 소통하고 있는 콘텐츠는 첨단 지식과 정보뿐 아니라, 정치, 경제, 사회, 문화, 예술에 걸친 지구촌의 자산들입니다. 이제 우리는 영어 교육의 시기를 논하고 있을 때가 아닙니다. 유럽이나, 아프리카는 물론, 중국을 비롯한 아시아의 수많은 나라, 그리고 영어의 필요성을 거부하던 스페인어 중심의 국가도 이제는 세계로 나아가는 국가를 만들기 위해 더 집중적인 이중언어 교육 환경을 만들어가고 있기 때문입니다.

이런 시대를 살아가는 아이들에겐 우리 것 못지 않게, 영어로 된 콘텐츠도 함께 접하며 자라게 해줘야 합니다. 영어만 배워서 될 시대가 아니라, 영어로 된 콘텐츠, 특별히 지식과 정보, 문화 콘텐츠를 접하도록 책을 보면서 자라게 해줘야 합니다. 온라인 콘텐츠도 물론 다양한 차원에서 활용할 수 있어야 하겠지만, 이들의 교육적 가능성과 한계는 더 심각한 논의가 필요하다고 생각하며, 무엇보다 책은 문자교육을 위한 길을 열어주는 동시에, 교육에 관한 중심을 잡아줄 최상의 콘텐츠이기 때문입니다.

그러므로 글로벌 키즈를 위한 최상의 대안은 영어 그림책입니다. 영어로 출판된 '양질의' 그림책들을 통해 지식과 정보를 습득하고, 더 큰 세상을 접하며, 도전의 21세기와 마주할 시대의 아이들을 만들어야 합니다.

또한 지구촌이 제공하는 지식과 정보들을 스스로 섭렵해 나가는, 시대의 지식인으로 살아갈 기초를 놓아주는 일은 무엇보다 '영어책 읽는 아이'를 만들어주는 일입니다. 그림책이 유치해지기 전에, 그림을 통해 글의 단서를 찾아나갈 수 있을 연령에 글(영어)을 읽고 쓸 수 있는 아이를 만들어준다면 아이는 스스로 넓은 세상으로 나아갈 힘을 얻게 되며, 시대가 원하는 지식인으로 살아갈 힘을 얻게 될 것입니다.

지식인으로 살아갈 힘을 얻게 될 것입니다.

잘 차려진 밥상은 보기도 좋고, 식욕이 나게 하며, 영양은 물론, 정서적인 풍요로움까지 가져다 줍니다. 동화를 중심으로 한 영어 수업은 영어만 가르치지 않습니다. 책을 중심으로 전 학습 영역을 아우르며, 철학과 예술, 문학과 언어, 정서적인 것까지 아울러줍니다.*

양질의 도서, 잘 준비된 수업을 통해 우리 것을 비롯한 지구촌의 소중한 지적 유산들을 누리게 해주고, 영어책 읽는 아이를 만들어주기 위해 소리와 문자, 어휘, 문장 유창성, 텍스트 이해, 그리고 글쓰기에 이르는 체계적인 리터러시 교수법들을 통해 아이들에게 세상으로 나아갈 보다 탄탄한 다리를 놓아줄 수 있기를, 제대로 된 교육에 목마른 열심 있고 진지한 부모와 교사들이 많아지길 기대합니다.

> 글을 읽고 쓴다는 건 가장 위대한 혁명이다.
> Literacy that is truly revolutionary pedagogy!
> *Ivan Illich*

---

*McGee, Lea M. and Richgels, Donald J. *Designing Early Literacy Programs*. New York: The Guilford Press. 2003. vii-viii

Referances

Allen, Virginia French. *Techniques in Teaching Vocabulary*. New York: Oxford University Press. 1983.

Bean, Rita M. *The Reading Specialist*. New York: The Guilford Press. 2004.

Beaty, Janice J. and Pratt, Linda. *Early Literacy in Preschool and Kindergarten*. New Jersey: Merrill Prentice Hall. 2003.

Brewster, Jean, Ellis Gail and Girard, Denis. *The Primary English Teacher's Guide*. London: Penguin English Guides. 2002.

Campbell, Robin. *Read-Alouds with Young Children*. Newark: International Reading Association. 2003.

Fisher, Bobbi and Emily. *For Reading Out Loud*. Portsmouth: Heinemann. 2003.

Fox, Mem. *Reading Magic*. Orlando: Harcourt. 2001.

Fry, Edward B. and Kress, Jacqueline E. *The Reading Teacher's Book of Lists*. San Francisco: Jossey-Bass. 2006.

Garcia, Ofelia. *Bilingual Education in the 21st Century*. Singapore: John Wiley & Sons, Inc. 2009.

Gussenhoven, Carlos and Jacobs, Haike. *Understanding Phonology*. London: Arnold Publishers. 2003.

McGee, Lea M. and Richgels, Donald J. *Designing Early Literacy Programs*. New York: The Guilford Press 2003.

McMahon, April. *An Introduction to English Phonology*. New York: Oxford Press 2002.

Miller, Debbie. *Reading with Meaning*. Portland: Stenhouse Publishers: Debbie Miller. 2002

Paul, David. *Teaching English to Children in Asia*. Quarry Bay: Longman Asia ELT. 2003.

Polette, Keith. *Read & Write It Out Loud!* Boston: Pearson Education. 2005.

Sprenger, Marile. *Wiring the Brain for Reading*. San Francisco: John Wiley & Sons, Inc. 2013

Tabors, Patton O. *One Child, Two Languages*. Baltimore: Paul H. Brookes Publishing. 2008.

Thornbury, Scott. *How to Teach Vocabulary*. Edinburgh: Pearson Education. 2002.

Trelease, Jim. *The Read-Aloud Handbook*. New York: Penguin Books. 2001.

Wolfe, Patricia & Nevills, Pamela. *Building the Reading Brain*, PreK-3. Thousand Oaks: Corwin Press. 2004

추천사 (엄마와 교사)

- 영어 독서 지도서를 읽으며, 단순한 정보가 아닌 감동을 받는다는 건 놀라운 일이 아닐 수 없습니다. 이현주 선생님의 교육 속엔 철학이 있고, 이유가 분명하며 예술과 문학을 아는 장인 정신이, 무엇 하나 놓치지 않으려는 철저함과 열정이 가득하기 때문입니다. 15년 동안 영어 그림동화를 활용하여 초등학생들의 영어를 지도해 왔지만 막상 4살, 5살 저의 자녀의 눈높이에서 영어 그림동화를 읽어주려니 너무 막막하였습니다. 마침 리터러시 교육의 대가인 이현주 선생님께서 미리 주신 원고를 대하니, 강의를 들을 때 받은 감동이 새롭게 밀려왔습니다. 이 책은 그림동화에 대한 많은 고민이 한 순간에 사라지게 해줄 것이며, 영어 독서 지도에 대한 자신감을 심어줄 것입니다. 또한 책 속에는 학생들을 위한 맞춤형 안내와 성공적인 교수법이 담겨있어 영어 교사로서 우리 학생들이 꾸준히 영어 그림책을 통해 자신의 역량을 마음껏 함양할 수 있도록 전문적인 도움을 줄 수 있게 되었습니다. 크리스마스 선물같은 귀한 책에 감사드리며 지혜의 보고인 영어 그림책과 함께 사랑하는 자녀, 학생이 행복한 글로벌 리더로 성장하길 바라는 부모님과 영어 선생님께 이 책을 꼭 추천합니다.

이선행(부산 절영초등학교 영어전담교사)

- 영어 그림책을 다시 보게 되었습니다. 동화는 영어공부를 위한 책, 아이들만을 위한 책인줄 알았던 저에게 마음의 따뜻한 울림을 주었고 감동을 주는 양질의 도서가 거꾸로 언어를 위한 최상의 콘텐츠란 걸 생각하게 되었습니다.

고은경

- 아이들에게 좋은 책을 읽어주고 싶은 엄마로서 여러 가이드북을 보았지만 책에 대한 지식도, 활용 방법도 몰라 막막했던 저에게 독서 지도가 무엇인지 알게 해주셔서 넘 행복합니다. 가르치고 배우는 일이 즐거운 것임을 알게 해주셔서 감사합니다. 넘 멋진 책의 출판을 축하드리며 우리의 아이들이 영어 그림책을 매개로 멋진 글로벌 지식인으로 성장하길 꿈꿔봅니다.

손은숙

- '영어를'이 아닌 '영어로'가 무엇을 말하는지 알게 되어 행복합니다. 언어로 다양한 생각들을 접할 수 있고 생각과 결합되어 재창조된 나만의 것을 만들어 낼수 있다는 통합적 리터러시를 제시하는 책, 영어만이 목표가 아닌 모든 분들께 추천합니다.

윤지혜

- ABC 만 알았던 제가 이제는 성품을 가르치는 영어강사가 되었습니다. 영어와 영어동화를 통해 아름다운 성품도 배우고 내 안에 힐링을 받을 수 있다는 것에 큰 보람을 느낍니다. 이 책을 통해 많은 분들이 저와 같은 기적을 체험하셨으면 좋겠습니다.

    이은정

- 머리로 배워야하는 영어를 가슴으로 배우게하는 것이 동화란 생각을 했습니다. 멀게만 느껴지던 영어의 사막에서 오아시스를 만난 느낌! 동화책 하나로도 영어를 배우는 일이 가능하며, 무조건 외우기 식의 영어가 아닌 이렇게 재미있게 영어를 배울 수 있다는 것이 감동입니다. 아이들이 기다려집니다. 풍부한 정서와 더불어 지겨운 것이 아닌 즐겁게 배우는 길이 있다는 걸 알게 해주셔서 감사합니다.

    강혜지

- 기술적인 지식을 가르치는 영어독서지도를 뛰어넘어 영어라는 도구로 미래 사회를 살아가야 할 아이들에게 내면의 근육을 키워주고 다양한 문제를 해결할 수 있는 능력을 주는 영어동화들을 깊이 있게 배울 수 있는 책이었습니다.

    문정숙

- 그전에 영어교육은 스트레스였는데 이 책이 보여준 영어는 새로운 희망이고 기대로 바뀌었습니다.

    강일혜

- 수업하다가도 다시 꺼내보는 책, 강의 중에 너무 사랑하게 된 교재가 드디어 책으로 나왔군요. 축하드립니다.

    이은주

- 실제 영어 수업에 적용 가능한 생동감 있는 활동과 예들이 있어 수업에 대한 구체적인 그림이 그려지고 영어를 가르칠 자신감이 생겼습니다. 처음 알파벳을 접하는 단계부터 파닉스 단계까지, 또한 읽기와 쓰기에 이르기까지 완성도 높은 수업을 할 수 있도록 체계적으로 정리해 놓은 영어 지도서, 영어 지도의 A부터 Z를 다룬 교재라 확신하며 자신있게 추천 합니다.

    손은경